Reinhard Abeln
Die Vierzehn Nothelfer

topos taschenbücher, Band 840
Eine Produktion des Lahn-Verlages

Reinhard Abeln

Die Vierzehn Nothelfer

Ihr Leben und ihre Verehrung

topos taschenbücher

Verlagsgemeinschaft topos plus
Butzon & Bercker, Kevelaer
Don Bosco, München
Echter, Würzburg
Lahn-Verlag, Kevelaer
Matthias Grünewald Verlag, Ostfildern
Paulusverlag, Freiburg (Schweiz)
Verlag Friedrich Pustet, Regensburg
Tyrolia, Innsbruck

Eine Initiative der Verlagsgruppe engagement

Bibliografische Information der Deutschen Nationalbibliothek
Die Deutsche Nationalbibliothek verzeichnet diese Publikation in der Deutschen Nationalbibliografie; detaillierte bibliografische Daten sind im Internet über http://dnb.d-nb.de abrufbar.

Einband- und Reihengestaltung | Finken & Bumiller, Stuttgart
Satz: Aalexx Druck GmbH | Großburgwedel
Herstellung | Friedrich Pustet, Regensburg
Printed in Germany

ISBN: 978-3-8367-0840-1
www.toposplus.de

Inhaltsverzeichnis

Gegrüßet seid ihr, vierzehn Zeugen,
die Christus mit dem Blut bekannt.
Gott heißt euch unsrer Not sich neigen,
zu Helfern hat er euch benannt.

Hymnus

Ein Wort zuvor

Nothelfer sind Heilige, die von den Gläubigen in besonderen Notlagen angerufen werden. In der Kirche werden vierzehn solcher Nothelfer verehrt (vermutlich, weil 14 eine heilige Zahl ist!). Zu ihnen gehören zum Beispiel der heilige Christophorus, der als Patron aller Kraftfahrer und Reisenden oder als Helfer gegen einen unvorhergesehenen Tod angerufen wird, oder der heilige Blasius, den man um Beistand bei Halsleiden bittet, nachdem er einst einen Jungen, dem eine Fischgräte im Hals stecken geblieben war, vor dem drohenden Erstickungstod gerettet hat.

Die Verehrung der Vierzehn Nothelfer ist seit dem 9. Jahrhundert bezeugt. Sie entfaltete sich im Mittelalter, in einer Zeit größter menschlicher Nöte und Katastrophen, zu ihrer höchsten Blüte. Durch eine Vision wurde der Kult um die vierzehn Heiligen populär: Der Legende nach erschienen dem Klosterschäfer Hermann Leicht der Zisterzienserabtei Langheim (bei Lichtenfels) in Oberfranken in den Jahren 1445 und 1446 vierzehn Gestalten – vierzehn Kinder, halb rot, halb weiß gekleidet –, die sich als „Vierzehn Nothelfer" zu erkennen gaben und die Errichtung einer Kapelle beanspruchten. Im Jahr 1774 erbaute der frankische Baumeister Balthasar Neumann (1687–1753) die bis heute viel besuchte, barocke und nach der Nothelfergruppe benannte Wallfahrtskirche Vierzehnheiligen in Staffelstein nahe Bamberg.

Zahlreiche Darstellungen christlicher Künstler erinnern an die Vierzehn Nohelfer, die alle – bis auf eine Ausnahme (Ägidius) – ihr Glaubensbekenntnis mit dem Märtyrertod bezahlen mussten: Gemälde, Skulpturen, Glasfenster, Fresken, Bildstöcke, Brunnen oder Leuchter. Unzählige Kirchen, Klöster, Kapellen und Spitäler wurden zu ihrer Ehre errichtet und tragen ihren Namen. Viele Zünfte, Bruderschaften, Ordensgemeinschaften und Berufsstände haben sie im Laufe der Zeit zu ihrem Patron erwählt und sich unter ihren

Schutz gestellt. Zahlreiche Länder, Landschaften, Städte und Dörfer verehren sie als ihre Schutzheiligen und Leitbilder. Viel lebendiges Brauchtum rankt sich bis zum heutigen Tage um die Feste der Vierzehn Nothelfer.

Elf Männer und drei Frauen bilden die Gruppe der Vierzehn Nothelfer, die der Tradition entsprechend durch bestimmte einprägsame Attribute gekennzeichnet sind: Achatius, der römische Hauptmann, mit Dornenkrone und Kreuz – Ägidius, der Einsiedlerabt, mit der Hirschkuh – Barbara, die tapfere Jungfrau, mit Turm oder Hostienkelch und Palme – Blasius, der Bischof, mit den beiden gekreuzten Kerzen – Christophorus, der Riese, mit dem Jesuskind auf der Schulter – Cyriakus, der Diakon, mit angekettetem Dämon und Almosenbeutel – Dionysius, der Bischof, mit seinem abgeschlagenen Kopf in der Hand – Erasmus, der Bischof, mit einer Schiffswinde (Gedärmwinde) – Eustachius, der Jäger und Soldat, mit dem Hirsch, der ein Kreuz im Geweih trägt – Georg, der Ritter, mit dem Drachen – Katharina, die gelehrte Jungfrau, mit dem zerbrochenen Rad oder Schwert – Margareta, die bildhübsche Jungfrau, mit einem Drachen (Teufel) und Kreuzstab – Pantaleon, der Arzt, mit auf den Kopf genagelten Händen – Vitus, der jugendliche Held, mit Ölkessel.

Eine besondere Einheit innerhalb der Gruppe der Vierzehn Nothelfer bilden die drei heiligen Jungfrauen Barbara, Margareta und Katharina, von denen es im Volksmund heißt: „Barbara mit dem Turm, Margareta mit dem Wurm, Katharina mit dem Radl, das sind die heiligen drei Madl." In manchen Gegenden sind gelegentlich auch einzelne Heilige ausgewechselt (meist Cyriakus und Dionysius) oder auch hinzugerechnet worden, so zum Beispiel Leonhard, Magnus, Nikolaus, Sebastian, Wolfgang, Rochus oder die vier „heiligen Marschälle" Antonius der Große, Hubertus von Lüttich, Papst Cornelius und Quirinus von Neuss.

Die Schar der Vierzehn Nothelfer erinnert irgendwie an die Gruppe der „Vierzehn Englein", von der es in einem uralten Abendgebet der Kinder heißt: „Abends, wenn ich schlafen geh, vierzehn Englein bei mir stehn, zwei zu meiner Rechten, zwei zu meiner Linken, zwei zu meinen Häupten, zwei zu meinen Füßen, zwei, die mich decken, zwei, die mich wecken, zwei, die mich weisen ins himmlische Paradeisen." Vierzehn hilfreiche Engel bieten dem Kind Schutz, Trost und Geborgenheit. Ähnlich könnte man sich die Hilfe der Vierzehn Nothelfer im menschlichen Leben vorstellen.

Dieses Taschenbuch entwirft ein Persönlichkeitsbild der einzelnen Vierzehn Nothelfer, die allesamt aus der Ostkirche hervorgegangen sind. Es beschreibt den äußeren Verlauf ihres Lebens, um das sich – statt fehlender geschichtlicher Belege – häufig zahlreiche Legenden gebildet haben. Zudem wird gezeigt, wie die Heiligen im Laufe der Jahrhunderte vom gläubigen Volk verehrt und in der kirchlichen Kunst dargestellt worden sind. Schließlich weisen die Ausführungen auf, in welchen (körperlichen und seelischen) Nöten und Gebrechen jeder Nothelfer besonders angerufen wird.

Ziel des Buches ist es, dem interessierten Leser zu zeigen, dass es sich lohnt, über Leben und Leiden der Vierzehn Nothelfer nachzudenken. Vor allem möchten die Ausführungen dem heutigen notbeladenen Menschen den alten christlichen Brauch der Anrufung der Nothelfer wieder neu in Erinnerung rufen. Mit Recht schreibt Walter Hildebrand in seinem Büchlein „Die heiligen Nothelfer": „So wie die Verehrung der Heiligen den Christen vergangener Jahrhunderte Nutzen für Leib und Seele gebracht hat, könnte die Wiederbelebung dieser alten christlichen Tradition auch für die Christen der heutigen Zeit eine große Hilfe sein."[1]

Wenn heute viele Menschen überschwemmt sind von Angst, Gewissens- und Glaubensnöten, schweren familiären Schicksalsschlägen, Traurigkeit, körperlicher oder seelischer Krankheit, lähmender Resignation oder fehlendem Zukunftsglauben, dann sollten sie aufblicken zu den Nothelfern, den „bedeutendsten Gegenspielern des Nihilismus" (Walter Nigg). Wer sie im Gebet um ihre Fürsprache bei Gott anruft, darf getrost an ihren Beistand und ihre Hilfe in den Nöten seines persönlichen Lebens glauben. Er darf hoffen, dass Sorge und Leid abnehmen und dass das Leben wieder ein wenig „heiler“ und heller wird – im Sinne des biblischen Wortes „Wer bittet, der empfängt“.

Reinhard Abeln

Achatius

Der heilige Nothelfer Achatius gehört – mit Sankt Georg und Sankt Eustachius – zu den so genannten drei Soldaten- und Ritterheiligen, deren Gedächtnis in der Frömmigkeit vieler Menschen tief verwurzelt ist. Von ihnen heißt es in einem alten überlieferten Nothelfergebet:

„Ihr heiligen Soldaten Achatius, Eustachius und Georg! Tapfer habt ihr gekämpft im Dienste eures irdischen Kriegsherrn, aber noch heldenmutiger im Dienste eures göttlichen Königs Jesus Christus. Alle Versuche, euch von Christus zu trennen, habt ihr zurückgeschlagen. Ihr habt ihm die Treue gehalten bis in den Tod. Helft uns, dass wir täglich kämpfen gegen die Feinde unseres Heiles, den Satan, die Welt und die eigene böse Begierlichkeit. Dann können wir einst den unverwelklichen Siegeskranz empfangen.“[2]

Achatius wird in diesem Gebet an erster Stelle genannt. Wer war dieser Heilige, der sich wie Georg und Eustachius – von denen später die Rede sein wird – ganz in die Nachfolge des verspotteten und gekreuzigten Jesus stellte und für ihn in den Tod ging?

Über Leben und Wirken des heiligen Achatius sagen die historischen Quellen nur wenig aus. Er gehört zu jenen Nothelfern, über die uns die Forschung kaum gesicherte Erkenntnisse zur Verfügung stellen kann. Außerdem wird er angesichts der legendenhaften Quellen leicht verwechselt mit zwei Märtyrern gleichen Namens, die im Rahmen dieses Kapitels noch kurz beschrieben werden.

Sicher dürfte sein, dass Achatius – dessen Name im Hebräischen „Gott hält“, im Griechischen (Akakios) der „Nichtböse“, der „Unschuldige“ bedeutet – aus Konstantinopel in Kleinasien (der heutigen südlichen Türkei) stammte. Er war zur Zeit von Kaiser Diokletian (284–305) zunächst Soldat, dann Hauptmann und Oberst („primicerius“) im kaiserlichen Heer der Provinz Kappadozien.

Achatius war ein guter und geachteter Anführer des kaiserlichen Heeres. Er zeichnete sich durch große Einsatzfreude, Pflichttreue und Gewissenhaftigkeit aus und stand darum in hohem Ansehen beim römischen Kaiser. Die ihm unterstellten Soldaten hatten großes Vertrauen zu ihrem Vorgesetzten und schätzten ihn wegen seiner Tüchtigkeit, Zuverlässigkeit und Charakterfestigkeit.

Mit der Zeit änderte sich das Leben des kaiserlichen Offiziers. Achatius schloss sich der damals noch kleinen Christengemeinde an und wurde ein überzeugter und bekennender Christ. Er wollte nun nicht mehr den vielen alten Göttern im Römischen Reich dienen und ihnen öffentlich opfern. Als echter Christ wollte er nur noch den christlichen Glauben bezeugen und sein Leben ganz in die Hände des gekreuzigten Jesus Christus legen.

Das musste unweigerlich zu einem ernsthaften Konflikt mit dem Kaiser führen. Denn Kaiser Diokletian verlangte von seinen Untertanem, sich zu den alten römischen Göttern zu bekennen und ihnen in der Öffentlichkeit zu opfern. Dieser Kult war für ihn ein Zeichen der Loyalität gegenüber dem Kaiser und dem Römischen Reich. Die Verweigerung dieses Bekenntnisses war gleichbedeutend mit Hochverrat und damit ein Verbrechen, das mit dem Tod bestraft werden musste.

Kaiser Diokletian sah in den Christen und vor allem in dem langsamen Aufblühen des Christentums eine Bedrohung seiner Amtsführung und eine Gefahr für den Bestand des Römischen Reiches. Daher versuchte er in einem Gewaltakt, die „Sekte“ der Christen mit Feuer und Schwert auszurotten. Er entfesselte – vor allem in den Jahren zwischen 303 und 305 – die blutigste Verfolgung der Christen seit dem Bestehen der Kirche.

Karl Böck beschreibt in seinem Buch „Menschen und Heilige“ diese Zeit der letzten großen Christenverfolgung mit folgenden Worten: „Ohne Rücksicht auf Verdienste, auf Amt und Rang wurde jeder, der als Christ denunziert wurde, angeklagt, und wenn er sich weigerte, den Göttern zu opfern, zum Tode verurteilt. Besonders hochgestellte Christen wurden öffentlich grausam hingerichtet, um die einfachen Leute in Furcht und Schrecken zu versetzen und zur Aufgabe des Glaubens zu bringen."[3]

Dieses Schicksal drohte nun auch dem heiligen Achatius. Als bekannt wurde, dass er an den Versammlung der Christengemeinde teilnahm und sich öffentlich zu Jesus Christus bekannte, wurde er als Hauptmann und Oberst aus dem kaiserlichen Heer entlassen. Durch grausame Folterungen, etwa durch das Auspeitschen mit Dornenzweigen, versuchte man, ihn von seinem christlichen Glauben abzubringen. Doch Achatius ließ sich nicht umstimmen, sondern bekannte sich aufrecht und treu zu seinem „Kaiser" Jesus Christus.

Achatius ertrug tapfer die grausamen Folterungen seiner Peiniger. Weil nichts die Standhaftigkeit des Glaubenshelden erschüttern konnte, wurde er mit anderen Christen nach Byzanz (heute Istanbul) verschleppt und dort – vermutlich um 305 – enthauptet. Auch die ihn begleitenden Christen mussten ihre Abkehr von den heidnischen Göttern und ihr mutiges Bekenntnis zu Jesus Christus mit dem Leben bezahlen.

Außerhalb der Stadtmauer von Byzanz wurde Achatius von bekennenden Christen bestattet. Über seinem Grab errichtete man zu Ehren des Märtyrers eine Kirche. Eine zweite Gedenkkirche ließ später Kaiser Konstantin der Große (um 285–337) bauen und dorthin die Gebeine des Heiligen übertragen. Im Jahre 360 brachte man in diese Kirche auch die sterblichen Überreste des ersten christlichen Kaisers.

Übrigens ist uns vom Tod des heiligen Achatius noch eine ganz besonders ausgeschmückte Legende überliefert: Nach seiner Hinrichtung soll der Leichnam des tapferen Blutzeugen in einen Sarg gelegt und ins Meer geworfen worden sein. Obwohl es sich um einen Zinnsarg handelte, ging dieser nicht unter, sondern wurde durch die Wellen von Byzanz nach Kalabrien in Unteritalien und dort zur Stadt Chale getragen. Hier fand der Leichnam des Märtyrers seine letzte Ruhestätte. Über seinem Grab errichteten Christen zu seiner Ehre eine Kirche.

Trotz aller legendären Ausschmückung des Lebens und Sterbens des Märtyrers Achatius ist unbestritten, dass er schon bald nach seinem Tode als Heiliger verehrt wurde. Und diese Verehrung ist bis zum heutigen Tage lebendig geblieben. Vor allem durch die Kreuzfahrer ist der Kult um den Heiligen aus der frühchristlichen Zeit in den Westen gekommen und hat ihn als Helfer in vielen Lebensnöten, besonders bei Todesängsten, bekannt gemacht.

Immer wieder – früher wie heute – haben sich gläubige Menschen im Gebet an den heiligen Achatius gewandt und ihn um Hilfe in ihrer Not angefleht. In vielen Fällen, so sagt die Legende, wurden ihre Bitten vom wundertätigen Heiligen erhört. In einem Gebet zum „Patron bei Todesangst" heißt es:

„Heiliger Achatius, auch wenn wir wissen, dass Christus durch seine Auferstehung uns die Tür zum ewigen Leben geöffnet hat, können wir die Angst vor dem Sterben nur schwerlich überwinden. Wecke in uns das Vertrauen auf die Barmherzigkeit Gottes und hilf uns, so zu leben, dass wir immer in seiner Gnade bleiben."[4]

Aber nicht nur in Todesängsten, auch bei Zweifel und Streit (um Gerechtigkeit), bei Verfolgung und Feuer und bei vielen anderen Lebensnöten (etwa bei schweren Krankheiten) haben Christen den heiligen Nothelfer Achatius um Hilfe und Beistand ersucht. Noch heute werden in vielen Gegenden Lieder zu Ehren des Heiligen gesungen, in denen er um Fürsprache und Hilfe in Nöten und Gefahren angefleht wird. So heißt es zum Beispiel in einem aus der Barockzeit stammenden Nothelferlied:

„O Achatius, du Krieger
und gekrönter Glaubenssieger,

bitt mit deiner Heldenschar,
dass uns Gott in stetem Frieden
wolle vor dem Krieg behüten,
Haus und Gut vor der Gefahr."

In einem anderen Nothelferlied wird der heilige Achatius – wieder in Verbindung mit den zwei anderen Soldaten- und Ritterheiligen Georg und Eustachius – wie folgt um Hilfe angefleht:

„Sankt Georg, Achaz, steht uns bei,
Sankt Eustach auch, ihr Ritter drei.
Helft kämpfen uns, wenn Feinde drohn,
und reicht uns einst die Siegeskron.
So helfet uns in Not und Leid!
Und stärket uns im Kampf und Streit!
Und führt uns einst zur Herrlichkeit!"

In vielen Kirchen, vor allem auf Altären, finden sich Darstellungen des heiligen Nothelfers Achatius. Darauf wird er häufig mit Dornenzweigen abgebildet, weil er vor seiner Hinrichtung mit Dornen gefoltert und geschlagen wurde. Eine besonders eindrucksvolle Darstellung des Heiligen findet sich auf dem Nothelferaltar in der barocken Wallfahrtskirche Vierzehnheiligen in Oberfranken. Die Figur zeigt den Heiligen als Soldat in Rüstung, mit einer Dornenkrone auf dem Kopf (wie sie auch Jesus vor Pilatus trug) und einem Kreuz in der Hand.

Was wäre die Verehrung eines Heiligen ohne seine Reliquien (körperliche Überreste; Gegenstände, die mit dem Leib oder Leichnam in Berührung gekommen sind; Marterwerkzeuge)? So finden sich Reliquien des heiligen Achatius u. a. in Hirsau, Lorch und Weingarten und werden hier von den Gläubigen verehrt. Das Fest des Nothelfers wird in Vierzehnheiligen (und andernorts) am 8. Mai gefeiert. Auf den Gedenktag des Heiligen bezieht sich auch eine alte Bauernregel, die im Laufe langer Wetterbeobachtung entstanden ist:

„An Achazi warmer Regen
bedeutet Früchtesegen."

Oben wurde erwähnt, dass der Nothelfer Achatius von Konstantinopel des Öfteren mit zwei anderen Heiligen verwechselt wird, die den gleichen Namen tragen und ebenfalls als Märtyrer den Tod gefunden haben. Der eine war Achatius von Militene mit dem Beinamen Agathangelus. Er war Bischof, nahm am Konzil von Ephesus (431) teil und starb im Jahre 499. Sein Namensfest ist am 17. April.

Der andere Träger des Namens Achatius ist der heilige Achatius von Armenien. Über ihn gibt es fast nur legendarische Überlieferungen. Wie Achatius von Konstantinopel war auch er ein Soldatenmärtyrer. Wegen seines Glaubens an Jesus Christus wurde der junge Offizier in der Zeit der grausamen Christenverfolgungen unter Kaiser Hadrian zwischen den Jahren 117 und 135 auf dem Berg Ararat mit Dornen gepeischt und dann gekreuzigt. Teilweise wird auch er in der Literatur als Nothelfer bezeichnet. Sein Gedenktag fällt auf den 22. Juni.

Reliquien des heiligen Achatius von Armenien befinden sich u. a. in den Städten Rom, Bologna, Köln, Halle, Bern und Avignon. Dargestellt wird der Heilige als Ritter oder Edelmann in fürstlicher Kleidung, als Bischof mit Buch (was vermutlich auf eine Namensverwechslung mit Achatius von Melitine zurückzuführen ist), meist jedoch als Soldat mit Kreuz und Schwert, mit Palme und Fahne, mit Lanze und Streitaxt oder – ähnlich wie bei Achatius von Konstantinopel – mit Dornenkrone oder Dornenzweigen (Dornenstrauch).

Zum Schluss sei noch auf eine überlieferte, reich ausgeschmückte Legende hingewiesen, die im 12. Jahrhundert entstand und den Kreuzrittern Mut und Vertrauen einflößen sollte, falls sie in Kleinasien oder Palästina den Tod fänden:

Kaiser Hadrian (117–138) hatte für einen Feldzug in Kleinasien neuntausend Soldaten unter Leitung seines Offiziers Achatius angeworben. Doch die feindliche Übermacht war zu groß, sodass Hadrians Heer kurz vor einer Niederlage stand. Da kamen sieben Engel zu Achatius und seinen Soldaten und versprachen ihnen den Sieg, wenn sie sich zu Jesus Christus bekennen würden. Darauf traten alle zum christlichen Glauben über und errangen den Sieg. Danach geleiteten die Engel die Soldaten zum Berg Ararat zur Glaubensunterweisung. Als Kaiser Hadrian hörte, dass die Soldaten zum Christentum übergetreten waren, schickte er ein Barbaren-Heer, um die Abtrünnigen zu bekämpfen. Zunächst konnten die Angreifer Achatius und seinen Soldaten nichts anhaben, was tausend Barbaren dazu bewog, ebenfalls den christlichen Glauben anzunehnehmen. Schließlich wurden Achatius und seine zehntausend Gefährten auf dem Berg Ararat überwältigt, mit Dornenzweigen gepeitscht und zerfleischt und danach gekreuzigt.[5]

Diese ursprünglich dem Achatius von Armenien zugeschriebene Legende vom Martyrium der zehntausend tapferen Krieger ist zur Kreuzfahrerzeit auf den Märtyrer Achatius von Konstantinopel, von dem in diesem Kapitel die Rede war, übergegangen. Sie hat mit dazu beigetragen, seinen Ruf als Helfer und Fürsprecher in schwierigen Lebenssituationen, besonders in Todesängsten, zu verbreiten.

Ägidius

Unter den Vierzehn Nothelfern ist der heilige Ägidius der Einzige, der keinen Märtyrertod erlitten hat. Der Heilige starb am 1. September 720 als Abt eines von ihm gegründeten und nach ihm benannten Klosters Saint-Gilles in der Provence (Südfrankreich). Sein Grab, an der Pilgerstraße nach Santiago de Compostela und in das Gelobte Land gelegen, war im Mittelalter ein berühmter und stark besuchter Wallfahrtsort. Mehrere Päpste – darunter Klemens IV. (1265/1268), Urban II. (1088/1099), Gelasius II. (1118/1119) – haben in den Mauern des berühmten Klosters geweilt. Sie ließen Saint-Gilles augenfallige Vergünstigungen zuteilwerden.

Neben wenigen gesicherten Informationen rankt sich ein reicher Kranz von Legenden um den beliebten Nothelfer. Die Berichte über sein Leben und Wirken wurden überwiegend im Laufe des Mittelalters zusammengetragen und durch verschiedene andere Heiligenviten ergänzt. Im „Großen Buch der Heiligen", herausgegeben von Erna und Hans Melchers, heißt es: „Die Gestalt des heiligen Ägidius ist von Legenden eingehüllt wie in ein kostbares Kleid. Immerfort schimmert durch sie die Gnade Gottes, mit der er ausgezeichnet war, sodass die bunten Farben auf einem Untergrund von Gold aufgetragen scheinen."[6]

Wer war nun der heilige Ägidius? Die Anfänge seines Lebens führen uns zunächst nach Athen, der Hauptstadt Griechenlands. Hier wurde er um das Jahr 640 als Sohn reicher und gottesfürchtiger Eltern geboren. Ägidius – der Name bedeutet im Griechischen (aigigios oder aigeides) der Schildhalter oder die Hirschkuh – wurde im christlichen Glauben erzogen und führte schon als Kind und Jugendlicher ein frommes und religöses Leben.

Von seinen Eltern erbte er schon früh die Haltung der Freigebigkeit und Großzügigkeit. So berichtet die Legende, dass er eines Tages auf dem Weg zur Kirche einem kranken Bettler seinen Mantel schenkte. Kaum hatte dieser den Mantel angezogen, fühlte sich der Mann alsbald besser und wurde schon nach kurzer Zeit wieder ganz gesund. Wegen dieses wunderbaren Ereignisses wurde der Ruf des jungen Ägidius in der ganzen Gegend schnell verbreitet.

Nach dem Tod seiner Eltern war Ägidius als einziger Sohn der Familie auf sich allein gestellt. Er beschloss, Athen zu verlassen und fern von der Heimat nur noch für Gott zu leben. Das große Vermögen, das er von seinen Eltern geerbt hatte, verteilte er unter den Armen der Stadt und bestieg – mit ein wenig Reisegeld in den Händen – ein Schiff, das ihn nach Rom bringen sollte.

Die Überfahrt von Athen nach Rom, so erzählt die Legende, verlief sehr stürmisch. Das Schiff drohte von den peitschenden Wellen verschlungen zu werden. Während Schiffsbesatzung und Fahrgäste vor Angst zitterten und der Verzweiflung nahe waren, blieb Ägidius ruhig und legte sein und aller Schicksal ganz in die Hände Gottes. Mit seinen Gebeten und mit seinem großen Gottvertrauen, so wird berichtet, rettete er Schiff und Leute.

Von Italien begab sich Ägidius nach Südfrankreich. Hier fand er – nicht weit von der Mündung der Rhone entfernt – in der Einsamkeit ein stilles Plätzchen und wählte es als seinen dauernden Aufenthalt. Durch Schriftlesung, Gebet und fromme Betrachtung bemühte er sich, Gott in einem heiligmäßigen Leben zu dienen. Er lebte von dem Wasser einer Quelle, die in der Nähe seiner Einsiedelei floss, und ernährte sich von den Früchten und Wurzeln, die er im Wald sammelte.

Nach der Legende tauchte eines Tages eine Hirschkuh auf, die den Einsiedler täglich mit ihrer Milch versorgte. So war Ägidius aller Nahrungssorgen enthoben, auch und gerade dann, wenn der Winter besonders streng war. Allerdings war diese Hirschkuh dann eines Tages auch der Anlass, dass der Einsiedler in seiner Höhle entdeckt wurde. Und das geschah so:

Der König des Landes, der Westgotenkönig Flavius Wamba (672/680), war eines Tages mit seinem Gefolge auf einem Jagdzug und kam dabei in die Nähe der Höhle, in die sich Ägidius zurückgezogen hatte. Die von den Jägern entdeckte Hirschkuh sprang auf, flüchtete in die Höhle und legte sich hilfesuchend dem Einsiedler vor die Füße. Im Eifer der Jagd schoss einer der königlichen Begleiter einen Pfeil in die mit Dornengestrüpp völlig zugewachsene Höhlenöffnung. Doch der Pfeil traf nicht die Hirschkuh, sondern den Einsiedler, der sich schützend vor das Tier gestellt hatte.

Der König lief eilends zur Höhle und fand dort den blutenden Ägidius auf dem Boden, neben ihm die unverletzte Hirschkuh. Der Herrscher war entsetzt über das Unglück, das geschehen war und das er verschuldet hatte. Die Bestürzung verstärkte sich noch, als er hörte, wer der Einsiedler war. Der König bot Ägidius ärztlichen Beistand und Geld an, was dieser aber ablehnte. Auch der Einladung des Königs, an seinen Hof zu ziehen, erteilte der Einsiedler eine Absage.

Ägidius wollte sich in keiner Weise helfen lassen. Aber er hatte eine konkrete Bitte an den König: Er solle ihm helfen, hier in der Einsamkeit ein Kloster zu bauen. Der König war froh, seine Schuld wiedergutmachen zu können, und erfüllte dem Einsiedler seinen Wunsch. So entstand um das Jahr 680 das Kloster Saint-Gilles, das bald eine große Zahl frommer Mönche beherbergte und das Ägidius als erster Abt nach der Regel des heiligen Benedikt bis zu seinem Tod (720) leitete. Um das Kloster wurde später die gleichnamige Stadt Saint-Gilles erbaut.

Schon als Abt des Klosters Saint-Gilles stand Ägidius im Ruf der Heiligkeit. Dieser Ruf breitete sich über ganz Frankreich aus und erreichte auch König Karl Martell. Dieser ließ nach der Legende den Abt an seinen Hof in Orleans rufen und bat um sein Gebet in einem schweren Gewissenskummer: Er habe eine besondere Sünde auf dem Herzen, die er nicht zu beichten wage. Als Ägidius am anderen Tage die heilige Messe feierte, legte ein Engel einen Zettel auf den

Altar, auf dem die Sünde des Königs geschrieben stand. Darauf flehte Ägidius eindringlich zu Gott, er möge dem König die Sünde verzeihen. Dies wurde ihm zugesagt, allerdings unter der Bedingung, dass der König in bußfertiger Gesinnung seine Sünde bekennen und sich ernstlich bessern müsse. Es wird berichtet, dass der König bald darauf zu Abt Ägidius kam, vor ihm niederfiel und reumütig um Losspruch und Fürbitte bat.

Nach dieser Bekehrung stand Ägidius im Ruf, ein besonderer Helfer in allen seelischen und geistigen Nöten zu sein und sich besonders derer anzunehmen, denen das Bekenntnis ihrer Sünden in einer guten Beichte schwerfalle. „Niemand, der die Fürbitte des Heiligen anruft und Reue über seine Sünden empfindet, braucht an ihrer Nachlassung zu zweifeln", heißt es in der Legende. So wundert es nicht, dass Ägidius in späteren Jahrhunderten immer mehr als Helfer in großer geistiger Bedrängnis angerufen wurde. Manche wunderbare Gebetshilfe, so wird berichtet, geschah auf seine Fürbitte.

Seine letzte Ruhestätte fand Ägidius in der Klosterkirche Saint-Gilles. Das Grab des einfachen Mönches, das man heute noch besichtigen kann, war im Mittelalter ein viel besuchter Wallfahrtsort. Besonders die zahllosen Pilger nach Santiago de Compostela in Nordwestspanien machten hier Station und baten den Heiligen um Hilfe und Fürsprache. Seine Reliquien befinden sich bis zum heutigen Tag in der Basilika Saint-Sernin in Toulouse, einem der größten romanischen Bauwerke in Frankreich.

Auch im deutschen Sprachraum hat die Verehrung des heiligen Ägidius, der im 14. Jahrhundert offiziell in den Kreis der Vierzehn Nothelfer aufgenommen wurde, weite Verbreitung gefunden. Zahlreiche Kirchen und Klöster wurden zu Ehren des Heiligen erbaut, so in Münster, Osnabrück, Wiedenbrück, Braunschweig, Heiligenstadt, Hildesheim, Lübeck, Nürnberg und vor allem auch im Südosten Österreichs (Steiermark, Kärnten) und in Slowenien. Viele

Orte tragen seinen Namen: St. Ägid, St. Ilgen, Ilgesheim, Gillersheim, Gillenberg, Sentilj (Slowenien) und andere.

Bis zum heutigen Tage gibt es – überwiegend von Jägern und Bauern besuchte – Ägidius-Wallfahrten, zum Beispiel in Schildthurn im bayerischen Bistum Passau. Auch zahlreiche Straßen und Plätze erinneren an den heiligen Ägidius: die Aegidienstraßen in Bonn und Lübeck, die Egidienstraße in Erlangen, der Ägidienplatz in Regensburg, der Egidienplatz in Nürnberg oder der Ägidienmarkt in Braunschweig. Die Kirche feiert den Gedenktag des Nothelfers am 1. September.

Zahlreich sind die Patronate des heiligen Ägidius. Die Legende, dass ihn eine Hirschkuh über lange Zeit mit ihrer Milch ernährte, hat den Heiligen zum Patron der stillenden Mütter gemacht. Die Jäger und Hirten verehren ihn als ihren Schutzheiligen, ebenso die Schiffbrüchigen, Bogenschützen und Bettler. In Notzeiten wurde und wird er als Helfer bei Viehseuchen, Dürre, Feuer und Sturm angerufen.

Auch die Bauern und Landleute sehen in Sankt Ägidius einen besonderen Heiligen. Im Mittelalter zählte er mit Sankt Leonhard (6. November) sogar zu den volkstümlichsten bäuerlichen Heiligen. Der Ägidiustag (1. September) ist für die Bauern ein wichtiger Los- und Wettertag. An manchen Orten beginnt mit diesem Tag die erste Woche für die Roggenaussaat. Alte Bauernsprüche weisen darauf hin:

„Wenn Sankt Ägidius bläst ins Horn,
so heißt es: Bauer, sä dein Korn!“

„Säst du Korn am Ägidientag,
es dir wohl geraten mag.“

Auch einen alten Ägidiusbrauch gibt es in manchen ländlichen Gemeinden: Bauern mischen am Ägidiustag ihrem Vieh geweihten Fenchel (eine Heil- und Gemüsepflanze) unter das Futter. Vielerorts ist der Ägidiustag, der auch St.

Gilgentag genannt wird, ein Tag der Volksfeste, so etwa im bayerischen Abensberg (der „Gillamoos“). Nicht zuletzt stehen auch einige bäuerliche Wetterregeln in Verbindung mit dem heiligen Ägidius:

„Gib auf Ägidius Acht,
er sagt dir, was September macht.“

„Ist's um Ägidi schön,
dann wird der ganze Herbst gut stehn.“

„Schönes Wetter hat noch auf Wochen
des Ägidius' Sonnenschein versprochen.“

Die große Beliebtheit des Nothelfers Ägidius und seine Verehrung haben ihren Ausdruck in zahlreichen bildlichen Darstellungen gefunden. Meist ist der Heilige als Einsiedler abgebildet, häufig mit einer Hirschkuh und einem Pfeil in der Brust (manchmal ist auch die Hirschkuh von einem Pfeil getroffen). Oft ist Ägidius als Benediktinermönch dargestellt, in der Hand die Abtattribute Buch und Stab.

Eine der schönsten Darstellungen des Heiligen findet sich in der Unterkirche von San Clemente in Rom. Es handelt sich um ein Fresko aus dem 11. Jahrhundert. Im Wallraf-Richartz-Museum in Köln befindet sich eine Altarfigur, die den Einsiedler mit Buch und Pfeil in der Brust zeigt, die Hirschkuh neben sich. Auf anderen Darstellungen ist der heilige Ägidius zusammen mit anderen Nothelfern oder mit bekannten Einsiedlern abgebildet.

Fast 1300 Jahre sind seit dem Tod des heiligen Ägidius vergangen. Vergessen ist er dennoch nicht. Auch heute kann uns der Nothelfer in allen seelischen und geistigen Nöten ein besonderer Helfer und auf dem oft mühsamen Weg zu Gott ein großer Fürsprecher sein. Ein überliefertes Nothelfergebet lädt uns mit folgenden Worten zum Mit-Beten ein:

„O heiliger Abt Ägidius!
Du hast dein Besitztum an die Armen verteilt
und dich in die Einsamkeit zurückgezogen,
um dein ganzes Sinnen und Streben
auf Gott richten zu können.
Die Welt hast du gering geachtet,
aber Gott über alles geliebt.
Hilf auch uns,
dass wir Gott mit ganzer Seele lieben.
Wir wollen uns rückhaltlos hingeben
an Ihn und Seinen heiligen Willen.“[7]

Sicher kann auch das folgende Gebet zum Nothelfer Ägidius dem einen oder anderen eine willkommene Hilfe sein:

„Heiliger Ägidius, du bist in die Einsamkeit gegangen, um Gott näherzukommen. Für uns bedeutet Einsamkeit oft große Not. Lehre uns begreifen, dass wir in der Stille und Einsamkeit Gott näherkommen können; gib uns einen offenen Blick für die Einsamkeit unserer Mitmenschen und lass sie durch unser Dasein erfahren, dass sie niemals allein und vergessen sind.“[8]

Barbara

Am 4. Dezember, dem Festtag der heiligen Barbara, gibt es einen sehr verbreiteten Brauch: Von Obstbäumen oder Sträuchern werden kahle Zweige abgeschnitten und im warmen Zimmer in eine Vase gestellt. Um Weihnachten herum – wenn die Natur noch in tiefer Ruhe liegt – entfalten sich die Knospen der „Barbarazweige“ zu festlicher Blüte.

Blühende Zweige in der Vase als Symbol der Hoffnung und des neuen Lebens – mitten im Winter – wollen an die heilige Barbara erinnern, die aus Liebe zu Jesus in den Tod gegangen ist. Barbara – griechisch = die Fremde, die Ausländerin – gehört zu den beliebtesten Heiligen sowohl der römisch-katholischen als auch der griechisch-orthodoxen Kirche. Viele Menschen haben unbegrenztes Vertrauen zu ihr und die bedeutendsten Künstler aller Zeiten haben sie in wunderbarer Weise dargestellt.

Im 15. Jahrhundert wurde die Märtyrerin in den Kreis der Vierzehn Nothelfer aufgenommen. Ihre große Beliebtheit kommt vor allem in den vielen überlieferten Gebeten zum Ausdruck, mit denen gläubige Menschen sie – früher wie heute – um Hilfe und Fürsprache angefleht haben. So heißt es zum Beispiel in einem Gebet aus dem Aargau (Schweiz):

„Heilige Barbara, du edle Braut,
Leib und Seel sei dir anvertraut.
Steh mir bei sowohl im Leben als im Tod.
Komm mir zu Hilf in meiner letzten Not!“

Was wir über die heilige Barbara, über ihre Herkunft, ihr Leben und ihr Martyrium wissen, ist sehr wenig. Die Forschung hat sich zwar immer wieder der Heiligen angenommen, aber sie konnte das Geheimnis um sie nicht lüften. Deswegen sind wir auf die Legenden angewiesen, die sich etwa seit dem 7. Jahrhundert der heiligen Barbara angenommen und sie zu einer sagenhaften Gestalt im Glauben haben werden lassen. Bei der Beschreibung ihres Lebens und Sterbens greifen wir im Folgenden überwiegend auf die berühmteste Heiligengeschichte des späteren Mittelalters, die so genannte „Legenda aurea" des Erzbischofs von Genua, Jacobus de Voragine (gest. 1298), zurück.

Barbara wurde gegen Ende des 3. Jahrhunderts (vermutlich zwischen 280 und 290) in Nikomedia, der Hauptstadt von Bithynien im nördlichen Kleinasien zwischen dem Marmarameer und dem Schwarzen Meer, geboren. Heute heißt die Stadt Izmid in der westlichen Türkei. Diese im Altertum eher unbedeutende Stadt hatte sich der römische Kaiser Diokletian, der zusammen mit seinem Freund und Mitregenten Maximinus als Christenverfolger in die Geschichte eingegangen ist, zu seiner Residenz auserwählt.

Barbara war die Tochter eines heidnischen Griechen mit Namen Dioskurus (Dioskuros). Dieser war adligen Geschlechts und als Purpurhändler einer der reichsten Kaufleute in Nikomedia und Umgebung. Er liebte seine einzige, bildhübsche und begabte Tochter mehr als alles andere in der Welt. Er behütete das Mädchen liebevoll, ja geradezu ängstlich, war doch seine Frau, Barbaras Mutter, schon früh gestorben.

Weil Dioskurus Barbara über alles liebte, versuchte er, seine Tochter vor jeglicher Berührung mit der Außenwelt zu bewahren. In eifersüchtiger Liebe schützte er Barbara vor zudringlichen Männern, die um ihre Hand warben. Ganz besonders aber bemühte er sich darum, seine Tochter den Einflüssen des Christentums zu entziehen. Denn Dioskurus hatte gemerkt, dass Barbara dem Gott der Christenheit mehr zugetan war als den heidnischen Göttern, die er verehrte. Er meinte sogar festzustellen, dass seiner Tochter der heidnische Kult zuwider sei.

So beschloss Dioskurus, für seine Tochter neben seinem prächtigen Haus einen Turm zu bauen. Darin sollte Barbara wohnen, wenn er auf Geschäftsreisen gehen musste. Dem

Vater war wichtig, dass seine Tochter während seiner Abwesenheit von Nikomedia nicht mit Menschen zusammenkommen konnte, die ihm nicht gefielen oder die Barbara schaden konnten. Dioskurus wandte alles auf, um Barbara zu einer vollendeten Dame ihrer Zeit zu machen.

Alles, womit Dioskurus seine Tochter erfreuen konnte, gab er ihr. Er ließ sie von den besten Lehrern unterrichten und sorgte auch sonst für jegliche Bequemlichkeit. Ja, er gab sogar Anweisung, im Turm für Barbara ein prachtvolles Badegemach einzurichten. Doch gerade diese Abgeschiedenheit veranlasste Barbara zum Nachdenken über die Welt und ihren Schöpfer. Und je mehr und je länger das junge Mädchen darüber nachdachte, umso mehr entzündete sich in ihr die Sehnsucht nach der Erkenntnis des wahren Gottes.

Nun lebte zu jener Zeit in der Stadt Alexandrien ein gelehrter und berühmter Mann mit Namen Origines. Von ihm wurde erzählt, er sei einer der weisesten Männer dieser Welt und seine Beredsamkeit durchdringe die ganze Erde. Er könne mit echten Beweisen die wahre Gottheit zu erkennen angeben und damit die falschen Götzen vom Thron stürzen. Als Barbara trotz ihrer Weltabgeschiedenheit von Origines hörte, freute sie sich. In aller Heimlichkeit ließ sie ihm über einen Boten einen Brief mit folgendem Inhalt zukommen:

„Einem weisen, gelehrten und von Herzen edlen Mann von Alexandrien, genannt Origines, sendet Barbara, Bürgerin von Nikomedia, als seine Dienerin ihren Gruß. Mit großer Freude habe ich gehört, dass du ein Verkünder des wahren Gottes bist. Von der Zeit an, dass ich denken konnte, habe ich von ganzem Herzen begehrt, zur Erkenntnis des wahren Gottes zu gelangen, und ich habe lange nachgedacht und gefunden, dass den Bildnissen aus Holz, Stein und Metall keine Gottheit innewohnen kann, denn das Bild eines Menschen, das von einem Werkmanne gemacht ist, kann keine Gottheit empfangen, noch eine Seele, und wie schön auch diese Bildnisse gemacht sind, sie bleiben leblos."

Origines erfüllte dieser Brief, der ihn nach einem weiten und gefahrvollen Weg glücklich erreichte, mit großer Freude. Nachdem er ihn gründlich gelesen und bedacht hatte, gab er dem Boten für die wissbegierige Barbara ein Antwortschreiben mit. Darin sprach er von der Dreieinigkeit und Dreifaltigkeit Gottes und vom ewigen Leben, das die erwerben, die um Christi willen unter Verfolgungen und Martern ihr Leben hingeben.

Außerdem sandte Origines einen Lehrer mit Büchern zu Barbara. Barbara nahm diesen mit größter Verehrung auf und gab ihn ihrem Vater gegenüber als einen in der Heilkunst erfahrenen Alexandriner aus. Als Dioskurus davon hörte, gestattete er seiner Tochter, Gespräche mit diesem Gelehrten zu führen. In Wirklichkeit aber war dieser Mann der Priester Valentinus, von dem Barbara Belehrung über die Dreieinigkeit und Dreifaltigkeit und über Christi Taufe erhielt.

Eines Tages musste Dioskurus wieder eine längere Geschäftsreise antreten. Mehrere Wochen war er mit seinen Karawanen unterwegs. Während seiner Abwesenheit ließ sich Barbara von Valentinus auf den dreifaltigen Gott taufen. Zudem befahl sie, zu den zwei Fenstern, die im Turm angebracht waren, ein drittes – zu Ehren der Dreifaltigkeit – anzubringen und ihr Badegemach mit einem Kreuz zu zieren.

Begierig las sie die Bücher, die ihr Origines gesandt hatte. Sie konnte gar nicht genug bekommen von dem, was dort über den einzig wahren Gott geschrieben stand. Immer mehr wuchs in ihr die Ehrfurcht gegenüber Gott Vater, Sohn und Heiligem Geist. Das junge Mädchen verstand immer besser den Glauben und die Lehre der Christen und erkannte, dass ihr hier ihr weiterer Lebensweg aufgezeigt wurde.

Als Dioskurus von seiner Reise zurückkehrte und seine Tochter freudig begrüßte, verfinsterten sich plötzlich seine Gesichtszüge. Er hatte die drei Fenster im Turm und das Kreuz im Badegemach bemerkt. Danach befragt, warum sie zu den zwei Fenstern im Turm ein drittes habe anbringen lassen, antwortete Barbara: „Die drei Fenster erleuchten den ganzen Menschen, denn drei sind es auch, die die Welt erleuchten und der Sterne Lauf regeln, nämlich der Vater, der Sohn und der Heilige Geist."

Über diese Antwort zunächst erschrocken, ermahnte Dioskurus seine Tochter liebevoll, von diesen Torheiten abzulassen und sich wieder den überkommenen Göttern zuzuwenden. Doch alle Bemühungen und Anstrengungen des Vaters blieben ohne Erfolg. Barbara sagte ihrem Vater freimütig, dass sie durch die Taufe Christin geworden sei und alle heidnischen, von Menschenhand geschaffenen Götter verachte. Sie liebe Christus und sei entschlossen, ihm allezeit zu dienen. Außerdem eröffnete Barbara ihrem Vater, dass sie das Gelöbnis ewiger Jungfräulichkeit abgelegt habe und nicht daran denke, einen Mann – und schon gar nicht einen von ihm ausgesuchten Heiden – zu heiraten.

Für Dioskurus war Barbaras Denken und Tun eine Freveltat. Er stellte seine Tochter vor die Wahl, entweder ihrem Glauben zu entsagen oder sich auf Folter und Tod gefasst zu machen. Barbara blieb standhaft. Sie wollte nicht an die Götter glauben, die man in ihrer Heimat verehrte. „Den Fluch deiner Götter fürchte ich nicht, denn mich hat Jesus gesegnet", sagte das tapfere Mädchen seinem Vater.

Auf diese Worte hin geriet Dioskurus in Zorn. Er konnte es nicht begreifen und nicht ertragen, dass seine Tochter – kaum den Kinderschuhen entwachsen – sich seinen Gründen und Wünschen hartnäckig widersetzte. Voller Wut zog er sein Schwert, um seine Tochter auf der Stelle zu durchbohren. Barbara aber ergriff die Flucht und bat Gott im Himmel um Hilfe. Nach der Überlieferung floh sie nicht aus Furcht um ihr Leben, sondern um den Vater vor der Sünde eines Mordes an seiner Tochter zu bewahren.

Auf der Flucht vor ihrem Vater öffnete sich vor Barbara ein Felsen und gewährte ihr Zuflucht. Ein Hirt hatte dies beobachtet und verriet sie an ihren Vater. (Eine Legende berichtet, dass dieser daraufhin in einen Stein, seine Schafe in Heuschrecken bzw. Mistkäfer verwandelt wurden.) Dioskurus schleppte Barbara über Stock und Stein nach Hause und misshandelte sie. Er steckte sie in den untersten Keller des Turmes, in dem es kalt und dunkel war. Der Vater hoffte, dass Hunger und Einsamkeit im finsteren Verlies den trotzigen Sinn seiner Tochter beugen würde.

Als Barbara trotz dieser Torturen bei ihren Anschauungen blieb, schleppte der erzürnte Vater seine Tochter vor den heidnischen Landpfleger und Richter Marcianus. Dieser gehörte zu den erbittertsten Christenverfolgern. Dioskurus klagte Barbara an und forderte, dass man sie so lange quälen und misshandeln solle, bis sie dem Christentum abgeschworen und den heidnischen Göttern geopfert habe. Tue sie es nicht, solle sie nach Reichsrecht abgeurteilt, also wegen Hochverrats zum Tode verurteilt werden.

Marcianus ließ Barbara vorführen und konfrontierte sie mit der Anklage ihres Vaters. Weil das Mädchen jung und schön war und der Vater eine angesehene Stellung besaß, versuchte der Richter zunächst, Barbara mit gütigen und wohlmeinenden Worten zur Umkehr zu bewegen. Immer wieder forderte er sie auf zur Rückkehr zum Götzendienst, indem er sagte: „Schone deiner selbst und opfere unseren Göttern oder du wirst den heftigsten Martern übergeben!"

Alles war vergeblich! Marcianus richtete nicht mehr aus als der Vater zuvor. Barbara war nicht bereit, zu widerrufen, und sagte dem Richter frei und ohne Angst ins Gesicht: „Eure Götter verabscheue ich. Nicht ihnen, sondern meinem Herrn Jesus Christus bin ich bereit zu opfern. Er hat Himmel und Erde und alles, was darin ist, erschaffen." Da fasste auch den Richter der Zorn.

Marcianus übergab Barbara den Folterknechten und befahl, sie erbarmungslos zu geißeln. Blutüberströmt, die Haut zerfetzt, dem Tode näher als dem Leben, wurde sie anschließend ins Gefängnis gebracht. Dort erschien ihr, so die Legende, in der Nacht Jesus Christus, für den sie gelitten hatte. Er befreite sie von all ihren Wunden und versprach ihr Beistand bei allen noch zu erwartenden Qualen.

Als Barbara am nächsten Morgen vor den Richter gebracht wurde, glaubte dieser, einer Sinnestäuschung zu erliegen. Er hatte erwartet, eine Sterbende zu sehen, doch Barbara trat ihm in jugendlicher Schönheit strahlend gegenüber. Marcianus schrieb diese unerklärliche Heilung den heidnischen Göttern zu. Barbara aber hielt ihm entgegen: „Nein, nein! Holz und Steine, aus dem deine Götter gefertigt sind, können das nicht. Dies ist ein Werk des Herrn des Himmels und der Erde, den ich als den einzigen wahren Gott anerkenne, für dessen Ehre ich zu sterben bereit bin."

Noch einmal unternahm Marcianus den Versuch, Barbara zum Abfall von Gott und zur Abkehr vom christlichen Glauben zu bewegen. Allein, es nützte nichts. Barbara hielt an ihrem Glauben fest. Daraufhin gab der Richter den Befehl, mit weiteren Strafen gegen sie vorzugehen. Man brannte Barbara Wunden in den Körper ein, schnitt ihr die Brüste ab und jagte sie völlig entkleidet durch die Straßen der Stadt.

Barbara ertrug alles – Schmerz und Schmach, Schimpf und Schande – aus Liebe zu Gott. Sie hatte keine Angst vor dem Sterben. Vielmehr sah sie den Tod nur als einen Schritt vom alten Leben in das neue, ewige Leben bei Gott. Barbara faltete die Hände und betete: „Herr, nimm alles von mir, nur deinen heiligen Geist nicht!"

Als Marcianus erkannte, dass er mit allen Folterungen nichts erreichen konnte, gab er den Befehl, Barbara mit dem Schwert zu töten. Daraufhin wurde sie zur Richtstätte geschleppt. Dioskurus, über die Standhaftigkeit Barbaras maßlos erzürnt, bat den Richter, seiner Tochter selbst Henker sein zu dürfen. Der Richter sagte zu und der Vater – ebenso fanatisch als Römer wie als Heide – hieb seiner Tochter eigenhändig den Kopf ab. Eine geradezu unmenschliche Begebenheit!

Die Strafe, so berichtet die Legende, folgte dem furchtbaren Verbrechen auf dem Fuß: Ein heraufziehendes Gewitter erschlug mit seinen Blitzen den gottlosen und grausamen Vater. Sein Leib verbrannte zu Asche. Dies alles soll an einem 4. Dezember geschehen sein. Wegen dieses Ereignisses wird Barbara seit Jahrhunderten als Beschützerin vor Blitz und Unwetter verehrt.

Bevor die heilige Barbara den Todesstreich empfing, soll sie noch folgendes Gebet gebetet haben: „Herr Jesus Christus, gewähre mir, dass du der Sünden aller, die deines Namens sowie des Namens und der Leiden deiner Diener eingedenk sind, nicht gedenkest, sondern sie im Gericht schonest und ihnen dich gnädig erweisest, da du ja weißt, dass wir aus schwachem Fleische sind!" Barbara, so heißt es, habe vom Himmel her die Antwort erhalten: „Was du erbeten hast, sei dir gewährt!"

So erzählt im Wesentlichen die „Goldene Legende" des Jacobus de Voragine über Leben und Martyrium der heiligen Barbara. Das wirkliche Todesjahr der Heiligen ist nicht durch geschichtliche Zeugnisse belegt und kann auch sonst nicht eindeutig nachgewiesen werden. Einige Quellen sagen, dass sie im ersten Jahrzehnt des 4. Jahrhunderts (etwa um 306) den Märtyrertod erlitt. Es war die Regierungszeit von Galerius Valerius Maximinus, genannt Daja, der als einer der brutalsten Weiterführer der von Diokletian begonnenen Christenverfolgungen in die Geschichte eingegangen ist.

Barbara ist eine Heilige, die aus gutem Grund bei vielen Menschen – auch über konfessionelle Grenzen hinweg – geliebt ist. Uralt ist der Glaube an die mächtige Fürbitte dieser Heiligen, deren Fest am 4. Dezember (in der russisch-orthodoxen Kirche am 17. Dezember) seit dem 12. Jahrhundert gefeiert wird. Seit langen Zeiten ist Barbara – mit ihren Neben- und Kurzformen Babette, Bärbel, Betty und Barbi – einer der beliebtesten und am häufigsten gebrauchten Mädchennamen.

Auf dem weltberühmten Bild des italienischen Malers und Bildhauers Raffael (1483–1520), die „Sixtinische Madonna", kniet neben Papst Sixtus II. die heilige Barbara. Das beweist die große Bedeutung und Verehrung der Heiligen. Diese Verehrung begann schon in der ältesten Zeit des Christentums und hat sich bis heute wenig gewandelt.

Rolfroderich Nemitz und Dieter Thierse schreiben in ihrem lesenswerten Buch „St. Barbara – Weg einer Heiligen durch die Zeit“ über die heilige Barbara: „St. Barbara, die unter den Bedingungen der geistigen Unfreiheit nach Erkenntnis des Glaubens suchte, sich bekannte und für diesen Glauben mit ihrem Leben eintrat, hat die Grenzen der Nationen und christlicher Konfessionen durchbrochen. Dem Wandel der Zeit entgegen steht sie mit ihrem Mandat des Glaubens noch immer unter uns. Ihre Ausstrahlungskraft überdauerte Jahrhunderte und ist dem Zeitgeist nicht gewichen.“[9]

Die zunächst in der Ostkirche verehrte heilige Barbara wird um 700 auch im Westen genannt. Das früheste Zeugnis für ihre Verehrung im Abendland bilden der Eintrag im „Martyrologium Romanum“ um 700 und ein Pfeilerfresko um 705/706 in der Kirche S. Maria Antiqua in Rom. Um 1000 sollen die Gebeine der Heiligen in den Markusdom nach Venedig gekommen und von dort in das Kloster S. Giovanni Evangelista auf die Insel Torcello gelangt sein. Eine Beinreliquie soll auch nach Vodnjan in Kroatien gebracht worden sein.

Zwei Barbarareliquien gibt es seit längerer Zeit auch in Deutschland: „Eine kleine Reliquie der heiligen Barbara befindet sich in der Wallfahrtskirche St. Hildegard und St. Johannes der Täufer in Eibingen im Rheingau. Diese Reliquie gehört zum Eibinger Reliquienschatz, den Hildegard von Bingen zusammengetragen hat. Eine weitere Reliquie befindet sich seit 1647 im Altar der St.-Antonius-Kirche in Iseringhausen.“[10]

Seit dem ausgehenden Mittelalter zählt die heilige Barbara zu den Vierzehn Nothelfern. Es war die Zeit, als die Pest über Europa hereinbrach und zahlreiche Menschenleben dahinraffte. Die verzweifelten Menschen suchten in ihrer Not Schutz bei den Heiligen des Himmels. Damals entstand der Brauch, sich an vierzehn Heilige zu wenden, die man Nothelfer nannte und die in Deutschland zum ersten Mal in München im Pestjahr 1348 erwähnt werden. Im Glauben an die Fürbitte der Heiligen wurde auch die heilige Barbara in die Schar der Vierzehn Nothelfer eingereiht.

In einem Gebetstext der St.-Barbara-Gemeinde Bottrop im Bistum Essen wird die heilige Barbara in vielerlei Nöten angerufen:

„Heilige Barbara, du Märtyrerjungfrau aus Kleinasien. Wir bitten dich um deine Hilfe in aller Not.

Du Schutzheilige der Bergleute. Bitte für uns, dass auf unserer Arbeit der Segen Gottes ruhe!

Du Beistand der Sterbenden. Bitte für uns, dass wir das ewige Leben erlangen!

Du Heilige, die durch Suchen und Fragen zum Glauben kam. Bitte für uns, dass wir im Lichte des Geistes den Glauben tiefer erfassen!

Du furchtlose Zeugin der Wahrheit. Bitte für uns, dass wir Christus vor den Menschen bekennen!

Du Bild der vollkommenen Hingabe an die Liebe Christi. Bitte für uns, dass nichts uns trenne von der Liebe des Herrn!

Du bis in den Tod treu gebliebene Jungfrau. Bitte für uns, dass wir den alten Menschen ablegen und den neuen Menschen anziehen, der nach dem Bild Christi geschaffen ist!“[11]

Als Nothelferin wird die heilige Barbara vor allem um eine gute Sterbestunde angerufen. Daher war und ist sie sehr oft auf Grabsteinen zu finden. Nach der Legende betete Barbara vor ihrem Tod für alle, die der Leiden Christi und ihres Martyriums gedenken, und bat für diese, dass sie vor einem jähen, unvorbereiteten Tod und vor der Verurteilung Gottes bewahrt blieben. Eine Stimme vom Himmel zeigte ihr an, dass Gott ihr Gebet erhört habe. Das Gebet, das Barbara betete, bevor sie den Todesstreich empfing, wurde bereits oben erwähnt.

Bis in dieses Jahrhundert hinein beteten viele Menschen nach dem häuslichen Rosenkranz ein Vaterunser, um Barbaras Hilfe in der Todesstunde zu erlangen. In einem alten, überlieferten Barbaralied heißt es:

„Sankt Barbara, verlass uns nicht,
dass wir im letzten Streit
sich öffnen mög in Glanz und Licht
das Tor zur Ewigkeit."

Als Patronin der Sterbenden wird Barbara nicht nur um eine gute Sterbestunde angerufen, sondern auch um die Erlangung der Gnade gebeten, dass man nicht sterbe, ohne die heiligen Sakramente der Kirche empfangen zu haben. Dies kommt in einem Spruch zum Ausdruck, der im Jahr 1435 entstand und wie folgt lautet:

„Sankt Bärbel,
die vermag zu stärken;
denn wer in ihren Diensten steht,
nie ohne Sakrament von hinnen geht."

Es gibt zahlreiche Gebete zur heiligen Barbara, in der sie um eine gute Sterbestunde, den rechtzeitigen Empfang des Eucharistiesakraments und um ein ewiges Leben in der Herrlichkeit Gottes gebeten wird. Sehr bekannt geworden ist ein Gebet, das um 1780 in Leoben/Österreich entstanden ist:

„Heilige Barbara, du edle Braut,
mein Leib und Seel' sei Dir vertraut,
sowohl im Leben als im Tod,
bewahre mich vor aller Noth,

hilf, daß ich vor meinem letzten End
empfange das heilige Sacrament;
bey Gott mir nur soviel erwirb,
daß ich in seiner Gnade stirb,
den bösen Feind weit von mir treib,
mit deiner Hülf stets bey mir bleib,
wann sich mein Seel von Leib abwendt,
so nimme sie in deine Händ,
behüt sie vor der Höllen-Peyn
und führe sie in den Himmel ein,
Amen."[12]

Neben ihrem Patronat für die Sterbenden wurde die heilige Barbara seit dem Ende des Mittelalters vor allem die Patronin der Berg- und Hüttenleute. Dieses Patronat geht auf die erwähnte Legende zurück, dass ein sich plötzlich öffnender Fels (Berg) Barbara auf der Flucht vor ihrem wütenden und sie verfolgenden Vater Schutz und Sicherheit geboten habe. Die Bergarbeiterverehrung für die Nothelferin Barbara existiert seit dem 14. Jahrhundert vor allem in den Bergbaugebieten Sachsens, Schlesiens, Böhmens und des Ruhrgebiets.

Die Bergleute bitten die Heilige um Fürsprache bei Gott, damit ihnen in der Tiefe kein Unglück zustößt. Sie grüßen und ehren Sankt Barbara als Patronin, etwa mit Worten des Bergmannsdichters Willy Bartock in der Barbara-Hymne (1952):

„Sei uns gegrüßt, Sankt Barbara,
Dein Lichtstern soll uns leiten.
Bleib uns im dunklen Leide nah
Wie in den hellen Freuden,
Führ unser treues Knappenherz
Durch Erdentiefen himmelwärts."

Barbara wird auch als Schutzpatron der Artilleristen verehrt. Das mag mit dem Turm zu tun haben, in den Barbara von ihrem Vater eingesperrt wurde, oder mit dem Blitz, der Barbaras Vater nach der Enthauptung seiner Tochter auf dem Richtplatz erschlug. Barbaras Bildnis schmückte früher Artilleriekasernen und -schulen und wurde häufig auf Waffenlagern und Pulvermagazinen aufgestellt. Der Pulverlagerraum eines französischen Kriegsschiffes wird noch heute als „Sainte Barbe" bezeichnet.

Auch die Baumeister, Dachdecker, Turmwächter, Feuerwehrleute, Glockengießer, Glöckner, Architekten, Geologen, Bauern, Schmiede, Totengräber, Köche und die Gefangenen haben die heilige Barbara zur Schutzpatronin erkoren. Bei diesen Berufen lässt sich aus den Stationen des Lebens und an Hand des Martyriums der Heiligen erklären, weshalb sie als Schutzpatronin auserwählt wurde. Unerklärlich, ja fast unverständlich aber bleibt, wie die heilige Barbara das Patronat der Weber, der Hutmacher und der Bürstenbinder erlangen konnte.

Außer den aufgeführten Berufsständen haben verschiedene Länder – zum Beispiel Syrien – und zahlreiche Städte – wie Mantua in Italien, Kuilenburg in den Niederlanden, Maldegem in Belgien – die heilige Barbara zur Schutzpatronin erwählt. Viele Kirchen und Kapellen tragen den Namen der Heiligen (ein erstes Barbarakloster wurde 1161 in Trier beurkundet), ebenso zahlreiche Straßen, Burgen, Festungen und Tore. Auch Apotheken, Gaststätten, Briefmarken, Wertpapiere, Medaillen und Pflanzen (Barbarakraut) sind nach der heiligen Barbara benannt und zeugen von der großen Beliebtheit der Heiligen in der Bevölkerung.

Die große Beliebtheit der heiligen Barbara hat ihren Ausdruck nicht zuletzt in einer Vielzahl bildlicher Darstellungen gefunden. Für die Maler und Bildhauer aller Zeiten ist die heilige Barbara und ihr Martyrium zu einem beliebten Motiv geworden. Und so sind im Laufe der Jahrhunderte zahlreiche Barbaradarstellungen – Gemälde, Pinselzeichnungen, Kupferstiche, Holzschnitte und Skulpturen – entstanden.

Die größten Künstler haben die heilige Barbara in bewundernswerter Schönheit dargestellt. Auf vielen Bildern ist die Heilige in einem langen Kleid mit Gürtel oder in einem vornehmen Gewand – oft mit Kopfbedeckung – dargestellt. Der Mantel, den die Nothelferin auf Abbildungen häufig trägt, soll den so genannten „Schutzmantel" symbolisieren, mit dem sie alle, die sich im Gebet vertrauensvoll an sie wenden, beschützt. Auch in der Ikonenmalerei der orthodoxen Kirchen haben Barbaradarstellungen einen hohen Stellenwert bekommen.

Alfred Lindemann schreibt: „Nur wenige Heilige spielen in der bildenden Kunst eine so große Rolle wie die heilige Barbara. Neben den herausragenden Kunstwerken bedeutender Künstler in den letzten 10 Jahrhunderten gibt es eine unübersehbare Zahl von oftmals künstlerisch wertvollen und sehenswerten Barbaradarstellungen in ungeahnten kirchlichen und profanen Bauwerken sowie in religiösen als auch weltlichen Unterkünften und natürlich auch in Privatbesitz. Es lohnt sich, diesbezüglich auf Entdeckungsreise zu gehen."[13]

Auch in der protestantischen Kunst gibt es Abbildungen von der heiligen Barbara. Besonders erwähnenswert ist eine Darstellung der Heiligen aus der Mitte des 18. Jahrhunderts in der evangelischen Kirche in Holzkirch im Kreis Ulm (Baden-Württemberg). Hier lädt Barbara die Menschen mit dem Kelch zum Empfang des Abendmahls ein.

Zahlreiche Attribute werden Barbara auf ihren Darstellungen beigegeben. Zunächst sind es die allgemeinen Märtyrerkennzeichen wie Krone, Palme(nzweig), Kreuz und Buch. Dazu treten, wie die Legende erzählt, der Turm – in der Regel mit drei Fenstern – als Barbaras Aufenthaltsort sowie die Fackel, mit der Barbara gequält und angebrannt wurde.

Auf einigen Darstellungen ist zu Barbaras Füßen die verkleinerte Gestalt ihres Vaters Dioskurus – als Sinnbild des besiegten Heidentums – zu sehen. Gelegentlich ist die Heilige als Patronin der Artillerie mit einer Kanone oder einem Kanonenrohr (Geschützrohr) abgebildet. Auf anderen Darstellungen ist Barbara gemeinsam mit Margareta und Katharina als die „drei heiligen Madl" (Bauernpatroninnen) – als Schützerinnen des Wehrstandes, des Nährstandes und des Lehrstandes – abgebildet. (Übrigens: Zusammen mit der heiligen Dorothea bilden sie die *quattuor virgines capitales*, die vier besonders heiligen Jungfrauen.)

Daneben finden wir auch Darstellungen, auf denen die heilige Barbara mit einer Pfauen- oder einer Straußenfeder zu sehen ist. Einem (bisher noch nicht erwähnten) Legendenmotiv zufolge soll der Jesusknabe der Heiligen diese Feder als Symbol ihrer Jungfräulichkeit überreicht haben. Nach einer anderen Legende soll die Feder die Rute symbolisieren, mit der Barbara bei ihrer Geißelung geschlagen wurde und die sich dabei in eine Straußenfeder verwandelt haben soll.

Als besonders wichtiges Attribut, das der heiligen Barbara auf Darstellungen beigegeben wird, ist schließlich der Kelch mit oder ohne Hostie zu nennen. Dies ist augenscheinlich ein Hinweis auf ihr wohl wichtigstes Patronat als Begleiterin und Helferin in der Todesstunde. Die Sterbenden sind ihr, wie bereits oben erwähnt, in besonderer Weise anvertraut, weil Barbara ihre Seelen – nach Empfang der heiligen Sterbesakramente – sicher an den Thron Gottes führt. In einem Lied aus dem nördlichen Böhmen wird versichert:

„Wer Sanct Barbara verehren thut,
der entgeht der Höllengluth."

Auf diesem Hintergrund entstanden in früherer Zeit auch die zahlreichen „Bruderschaften zur Ehren der heiligen Barbara und zur Pflege der Andacht zum heiligsten Altarssakrament". Einer solchen Barbarabruderschaft gehörte zum Beispiel in Wien der Jugendheilige aus dem Jesuitenorden, Stanislaus Kostka († 15. August 1568), an. Gerade durch diese Bruderschaft gelangte er zu einer besonders innigen Verehrung der heiligen Barbara und zu einer besonders intensiven Andacht zur heiligen Eucharistie.

Vom heiligen Stanislaus wird erzählt, dass er, als er schwerkrank war und man keinen Priester zuließ, von der heiligen Barbara mit einer Reihe von Engeln besucht wurde und die heilige Kommunion auf wunderbare Weise empfing.

Reich und vielfältig ist das Brauchtum, das – früher wie heute – vielerorts am Barbaratag gepflegt wird. Der bekannteste Brauch ist das Schneiden der Barbarazweige, von dem bereits die Rede war. Man hofft, dass die Zweige (meist Kirsch-, Zwetschgen- und Forsythienzweige), wenn sie am 4. Dezember in eine Vase mit Wasser ins warme Zimmer gestellt werden, bis weihnachten zum Grünen kommen. Der Brauch geht auf folgende Legende zurück:

Barbara wurde, nachdem sie den christlichen Glauben angenommen hatte, vom Richter in ein dunkles Gefängnis eingesperrt. Es war kalter Winter. Auf dem Weg dorthin verfing sich ein Kirschenzweig, der vom Baum abgebrochen war, in Barbaras Kleid. Barbara nahm ihn mit und stellte ihn in einen Becher. Sie teilte mit ihm das Wasser, das man ihr im Gefängnis zu trinken gab. An dem Tag, an dem Barbara zum Tod verurteilt wurde, geschah dann etwas Wunderbares: Der Kirschzweig begann zu blühen, mitten im Winter. Als Barbara aus dem Gefängnis hinausgeführt und vor den Henker geschleppt wurde, schaute sie den blühenden Zweig an und sagte: „Es schien mir, als ob du tot warst. Aber nun bist du aufgeblüht zu neuem Leben. So wird es auch mit mir geschehen. Wenn ich sterbe, werde ich verwandelt zu neuem blühenden Leben."

Zum Brauchtum am Barbaratag gehören auch die Barbarafeiern vor allem der Bergleute und Artilleristen. In vielen Bergbauorten finden am 4. Dezember oder am Sonntag nach dem Barbaratag festliche Gottesdienste, bergmännische

Umzüge (oft in alten Trachten) und feierliche Essen statt. Gegen Unglück und Tod im Bergwerk zünden vielerorts die Bergleute ein Barbaralicht an. In schönen, der heiligen Barbara gewidmeten Liedern wird die Hilfe und Fürsprache der Bergpatronin angerufen. Früher erhielten in Salzburg die Knappen das so genannte Barbarabrot.

In manchen Gegenden wurde am Anfang des 20. Jahrhunderts der Barbaratag zum Tag der Geschenke. Die Kinder stellten am Vorabend des 4. Dezember ihre Schuhe auf, die dann von den Eltern mit Äpfeln, Mandarinen, Plätzchen, Schokolade und anderen Süßigkeiten gefüllt wurden. Dieser Geschenktag war bis in die 1960er-Jahre vor allem im Köln-Bonner Gebiet und am Niederrhein bekannt. In einigen Orten des Rheinlandes wurde Barbara auch zur Begleiterin von Sankt Nikolaus und beschenkte mit ihren Gaben die Kinder in Familien, Kindergärten und Schulen.

In vielen Feuerwehren ist es – früher wie heute – guter Brauch, am 4. Dezember, meist schon am letzten Novemberwochenende, der heiligen Barbara zu gedenken. Vor der Feier findet meistens ein Gottesdienst statt, bei dem man auch für die im Einsatz verstorbenen Kameraden betet. Vor allem aber rufen die Feuerwehrleute die heilige Barbara um ihre Hilfe und Fürsprache an, damit sie immer wieder sicher und unverletzt von ihren Einsätzen nach Hause kommen.

Schließlich gehören zum Barbarabrauchtum auch die vielen Wetterorakel und Bauernregeln rund um den Barbaratag. Hier sind die wichtigsten:

„Gibt Sankt Barbara Regen,
bringt der Sommer wenig Segen."

„Geht Barbara im Klee,
kommt's Christkind im Schnee."

„Barbara im weißen Kleid,
verkündet gute Sommerzeit."

„Sankt Barbara mit Schnee,
im nächsten Jahr viel Klee.“

„Sankt Barbara kalt und mit Schnee,
verspricht viel Korn auf jeder Höh.“

„Nach Barbara geht's frosten an,
kommt's früher, ist nicht wohlgetan.“

„Knospen an Sankt Barbara,
sind zum Christfest Blüten da.“

„Auf Barbara die Sonne weicht,
auf Lucia (13. Dezember) sie wiederum herschleicht.“

Blasius

Der heilige Nothelfer Blasius ist einer der beliebtesten und am meisten verehrten Heiligen der Kirche. Über sein Leben und Wirken ist historisch wenig verbürgt. So konnte es dazu kommen, dass sich viele Legenden um seine Person gebildet haben. Die Westkirche feiert sein Fest am 3. Februar (ein Tag nach Mariä Lichtmess), die Ostkirche am 11. Februar.

Blasius – der Name ist vermutlich eine Verstümmelung des griechischen Namens Basilius = der König, der Königliche – war der Sohn vornehmer, christlicher Eltern und lebte in der zweiten Hälfte des 3. Jahrhunderts in der Stadt Sebaste in Armenien (heute Siwas in der östlichen Türkei). Er gehörte als bekennender und eifriger Christ zur Gemeinde der Gläubigen, die zu seiner Zeit noch in schrecklicher Weise verfolgt wurden.

Nach der Überlieferung war Blasius zunächst Arzt in seiner Heimatstadt. Wegen seiner Hilfsbereitschaft und Menschlichkeit genoss er bei den Menschen ein großes Ansehen. Sein ärztliches Wirken war durchdrungen von der Kraft des Glaubens und des Gebetes. Blasius machte keinen Unterschied zwischen Armen und Reichen, zwischen Heiden und Christen, zwischen Fremden und Freunden. Jeden Kranken, der zu ihm kam, sah er als seinen „Bruder" und seine „Schwester" an.

Als der Bischof von Sebaste starb, waren alle Augen auf Blasius gerichtet, denn alle wollten ihn mit Freude an der Spitze der Christengemeinde sehen. Unter großem allgemeinen Jubel wurde er von den Christen zum Bischof von Sebaste gewählt. In seiner neuen und verantwortungsvollen Stellung bemühte sich Blasius mit aller Kraft, die Menschen im christlichen Glauben zu stärken und sie in der Nachfolge Jesu zu einem frommen und tugendhaften Leben anzuhalten.

Weil in diesen Jahren die Christenverfolgungen unter Kaiser Licinius (308–324) zunahmen, baten die Gläubigen ihren Bischof, sich außerhalb der Stadt zu verstecken. Blasius hörte auf sie und verbarg sich im Gebirge in einer einsamen Felsenhöhle, die von dichtem Wald umgeben war. Von hier aus leitete der Bischof unter Gebet und Fasten seine Gemeinde, bestärkte sie im Glauben und schenkte ihr Kraft und Mut im Durchhalten.

In der Wildnis, so wird erzählt, lebte Blasius mit den Tieren des Waldes zusammen und freundete sich mit ihnen an. Er löste sie aus ihren Fallen, pflegte sie, wenn sie krank waren, und beschützte sie in seiner Höhle, wenn sie verfolgt wurden. Die Vögel brachten ihm Speise und das Wild drängte sich an ihn. Ja sogar die Raubtiere kamen herzu, ohne einander anzufallen. Der Einsiedler lebte mit den Tieren, wie er zuvor – liebend und sorgend – mit den Menschen gelebt hatte.

Vom Zusammenleben des Bischofs mit den bei ihm lebenden Tieren berichtet die „Legenda aurea“, die berühmte mittelalterliche Legendensammlung des Jacobus de Voragine, mit folgenden Worten: „Die Vögel brachten ihm Speise in seine Höhle, und das Wild kam einmütiglich zu ihm und ging nicht von ihm, er legte denn seine Hand auf sie und gab ihnen seinen Segen. War der Tiere eines krank, so kam es deshalb zu ihm und er erwarb ihm Gesundheit.“

Der vertraute Umgang mit den Tieren wurde Bischof Blasius dann eines Tages zum Verhängnis. Der heidnische Statthalter Agricola veranstaltete in den Wäldern eine große Jagd. Dabei kam die Jagdgesellschaft auch in die Gegend, wo Bischof Blasius sich verborgen hielt. Die Jäger und Treiber wunderten sich, dass alle Tiere, die sie aufscheuchten, erschreckt in die gleiche Richtung flohen. Sie folgten ihren Spuren und entdeckten jene Höhle, in der der Heilige Zuflucht gefunden hatte.

Blasius wurde gefangen genommen und umgehend zum Statthalter Agricola gebracht. Dieser verhörte den Bischof und forderte ihn – zunächst mit freundlichen Worten und Schmeicheleien – auf, dem christlichen Glauben abzuschwören und den heidnischen Göttern zu opfern. Doch der Statthalter musste seine beschämenden Versuche schon bald aufgeben. Der Bischof nannte die heidnischen Götter Teufel und drohte ihren Anhängern mit dem Feuer der Hölle. Daraufhin ließ Agricola Blasius ins Gefängnis werfen.

Während seiner Kerkerhaft soll Bischof Blasius nach der Legende vielen Mitgefangenen durch sein Gebet geholfen haben. Eines Tages kam eine Frau mit ihrem Jungen zu ihm, der – von Atemnot ganz blau angelaufen – schon mit dem Tode rang, weil ihm beim Essen eine Fischgräte im Halse stecken geblieben war. Blasius bat die Mutter, ein Kerzenopfer darzubringen. Dann kniete er nieder, betete und segnete das todkranke Kind kreuzweise mit zwei Kerzen. Daraufhin war es bald wieder gesund.

Eine weitere Begebenheit berichtet von einer Frau, deren einziges Schwein auf Blasius' Gebet und Fürbitte hin aus den Klauen eines Wolfes befreit wurde. Der dankbaren Frau sagte der Bischof im Gefängnis: „Opfere jedes Jahr in der Kirche, die in meinem Namen geweiht ist, eine Kerze. Das soll ein Segen sein dir und allen, die es tun." Und die Legende fährt fort: „Sie tat, wie er ihr gesagt, und es brachte ihr Glück und Segen."

Viele Christen, vor allem Notleidende, die vom Aufenthalt ihres Bischofs im Gefängnis wussten, suchten ihn auf und baten um Trost und Hilfe. Nach einiger Zeit ließ der Statthalter Blasius wieder zu sich kommen und versuchte noch einmal, ihn zum Abfall vom Glauben zu bringen. Er fragte den Bischof: „Willst du die unsterblichen Götter anbeten oder auf eine qualvolle Weise sterben?" Doch Blasius ließ sich nicht umstimmen und antwortete: „Deine Qualen, die du mir androhst, bringen mich ins ewige Leben."

Als der Statthalter sah, dass er nichts ausrichten konnte, ließ er den Bischof mit Ruten und Stöcken schlagen. Dann wurde Blasius an einen Pfahl gebunden und sein Körper mit eisernen Kämmen zerfleischt. Schließlich gab der Statthalter den Befehl, den standhaften Bischof mit dem Schwert zu enthaupten. Das geschah um das Jahr 316. Ehe man Blasius tötete, soll er noch zu Gott gebetet haben, dass die Bitten aller Menschen, die ein Leiden an ihrem Halse oder sonst eine Krankheit hätten und in seinem Namen Gesundheit begehrten, Erhörung und Heilung finden möchten.

Die Verehrung des heiligen Blasius nahm in der Kirche der östlichen Länder im 6. Jahrhundert ihren Anfang. Sein Kult in der Westkirche ist seit dem 9. Jahrhundert nachweisbar. In Deutschland – und im übrigen Abendland – wird der Heilige im 11. Jahrhundert bekannt und verehrt. Seit dieser Zeit hat sich die Verehrung des wundertätigen Bischofs aus Armenien außerordentlich rasch verbreitet und ist bis zum heutigen Tage in der christlichen Bevölkerung lebendig geblieben.

In einem alten, heute noch gesungenen Nothelferlied wird der Heilige mit folgenden Worten angesprochen:

„Bringe dort vom Himmelsrande
Segen unserm Vaterlande,
Blasius, du Wundermann!
Jede Seuche lass verschwinden,
die zur Strafe unsrer Sünden
Vieh und Menschen schaden kann."

Viele Kirchen und Klöster sind im Laufe der Jahrhunderte zu Ehren des heiligen Blasius erbaut worden und tragen seinen Namen. In Deutschland ist das bekannteste Kloster, das nach ihm benannt ist, das Schwarzwaldkloster Sankt Blasien. Hier und an vielen anderen Orten werden Reliquien des Heiligen verehrt, zum Beispiel im württembergischen Kloster Rheinau, in Paderborn (Busdorfstift) oder in Braunschweig (Blasiusdom).

Seit dem 14. Jahrhundert gehört der heilige Blasius zur Gruppe der Vierzehn Nothelfer. Am bekanntesten ist seine Verehrung als Schutzheiliger bei Hals- und Kehlkopfkrankheiten. Das geht zweifellos auf die Legende mit dem Jungen zurück, den Blasius im Gefängnis vor dem Erstickungstod rettete. Etwa seit dem 16. Jahrhundert hat sich daraus der bekannte Blasiussegen entwickelt, der am Festtag des Heiligen (3. Februar) oder am darauffolgenden Sonntag den Gläubigen gespendet wird.

Beim Blasiussegen hält der Priester (oder Diakon) zwei geweihte Kerzen in Form des Andreaskreuzes vor Gesicht und Hals eines jeden Gläubigen und bittet Gott, er möge ihn durch die Fürbitte des heiligen Bischofs von allen Halsleiden und von Krankheiten jeder Art befreien. Segnend spricht er dabei die Worte: „Durch die Fürbitte des heiligen Bischofs und Märtyrers Blasius befreie dich Gott von Halskrankheit und jedem anderen Übel im Namen des Vaters und des Sohnes und des Heiligen Geistes. Amen."

In früheren Zeiten wurde der Blasiustag oft sehr festlich begangen. An vielen Orten wurden am 3. Februar Blasiuskerzen geweiht und geopfert. Anderswo wurde Blasiuswasser und Blasiuswein gesegnet oder geweihtes Brot, das so genannte Blasiusbrot, an die Gläubigen ausgeteilt. Auf diese Weise sollten Menschen und Tiere vor Halsbeschwerden und anderen Krankheiten geschützt werden.

Immer wieder – früher wie heute – haben sich gläubige Menschen im Gebet an den Nothelfer Blasius gewandt und ihn um Hilfe in allen Krankheiten und Gebrechen angefleht. Ein sehr schönes Gebet findet sich in dem Buch „Der Gnadenaltar in Vierzehnheiligen" von Dominik Lutz:

„Heiliger Blasius, als heiliger Gottesmann hast du den Menschen deiner Zeit an Leib und Seele geholfen. Hilf auch uns und allen, die wir in unser Gebet einschließen, bei allen Gebrechen. Vor allem aber erbitte uns die Gnade, geduldig in Gottes heiligen Willen ergeben zu sein, wenn wir lange Krankheiten ertragen müssen."[14]

Neben seinem Patronat gegen Halsleiden ist der heilige Blasius auch der Schutzheilige der Ärzte, Bäcker, Bauarbeiter,

Maurer, Steinhauer, Gipser und Schneider. Patron der Hutmacher und Weber wurde er wohl wegen der bei seinem Martyrium erwähnten Kämme. Der Anklang seines Namens Blasius an „blasen“ machte ihn zum Patron der Windmüller und der Bläser unter den Musikanten. Und zum Patron der Haustiere wurde er wegen seines vertrauten Umgangs mit den bei ihm Schutz suchenden Tieren des Waldes und wegen der Rettung eines Schweins, das ein Wolf einer Frau geraubt hatte.

Von besonderer Bedeutung ist der heilige Blasius für die Menschen im bäuerlichen Bereich geworden. Die Bauern – später auch die Metereologen – verehren ihn als Wetterpatron. Sein Gedenktag am 3. Februar, so heißt es, bringe das Ende des Winters, möglicherweise aber auch Schäden durch Wind und Sturm. Zwei überlieferte Wetterregeln sagen über den Blasiustag und das einen Tag vorher gefeierte Lichtmessfest:

„Sankt Blasius stößt dem Winter die Hörner ab.“

„Wenn's an Lichtmess stürmt und schneit,
ist der Frühling nicht mehr weit.“

Zahlreich sind die Darstellungen des heiligen Blasius in der kirchlichen Kunst. Auf fast allen Abbildungen ist der Nothelfer als Bischof in Pontifikalkleidung zu sehen, im Osten auch als Greis mit lockigen Haaren und Bart. Als Attribute hat der Heilige Stab und Mitra, zwei gekreuzte Kerzen, einen Knaben, Kamm, Buch, Wolf oder Schwein bei sich. Oft wird auch das Martyrium des Bischofs dargestellt. Die früheste Darstellung der Blasiuslegende findet sich schon vor der Jahrtausendwende in der Unterkirche San Clemente in Rom. Im Brauschweiger Blasiusdom zeigen Wandgemälde Szenen aus dem Leben des volkstümlichen Nothelfers.

Christophorus

Christophorus (griechisch = der Christusträger) ist einer der bekanntesten und volkstümlichsten Heiligen des Morgen- und Abendlandes. Vermutlich wurde er gegen Ende des 2. Jahrhunderts in Kanaan oder Lykien (südliche Türkei) geboren. Auf zahlreichen Bildern sehen wir ihn in übergroßer Gestalt. Mit einem Stab oder Baumstamm in der Hand, durchschreitet er einen Fluss. Auf seinen Schultern trägt er das Jesuskind, das entweder segnet oder eine Weltkugel in den Händen hält.

In einem alten Nothelferlied heißt es über den heiligen Christophorus:

„Christophorus, du starker Held,
du trugst den mächt'gen Herrn der Welt.
Das soll auch unsre Freude sein:
Im Herzen tragen Gott allein."

Historisch ist wenig über den Heiligen auszumachen. Die Darstellung als Christusträger geht auf eine Legende zurück, die im 13. Jahrhundert – zur Zeit der großen Pilgerzüge – entstanden ist („Legenda aurea" des Jakobus de Voragine). Bevor Christophorus (der ursprünglich Reprobus = der Verwerfliche hieß) Christ wurde, so erzählt die Legende, suchte er in allen Ländern den höchsten und mächtigsten Herrn der Erde, dem er dienen wollte. Aber wohin er auch ging, nirgendwo fand er ihn.

Christophorus besuchte alle Höfe der Kaiser und Könige. Überall zeigte sich ihm das gleiche Bild: Auf keinem Schloss und auf keiner Burg begegnete ihm der mächtigste Herr der Erde. Alle Fürsten fürchteten sich, wo nicht vor den Menschen, so doch vor bösen Geistern, besonders vor dem Teufel.

Eines Tages traf Christophorus den Teufel und die beiden gingen miteinander. Christophorus sah, dass viele

Menschen auf den Teufel hörten und ihm dienten. War er vielleicht der größte und mächtigste Herr der Welt, der vor niemandem Angst hatte und dem er seine Dienste anbieten konnte? Nein, der Teufel war es nicht! Christophorus kam mit ihm an einem Wegkreuz vorbei. Da sah er, wie der Teufel plötzlich Angst bekam und zitternd fortlief.

Christophorus war enttäuscht. Er wollte jetzt nicht mehr nach dem größten und mächtigsten Herrn der Welt suchen. Alle, denen er begegnet war, hatten vor einem Höheren Angst. So ließ er sich auf Rat eines alten Einsiedlers an einem breiten und gefährlichen Fluss nieder, in dem schon viele Menschen ertrunken waren. Dort trug er Menschen, die den Fluss überqueren wollten, durch die hohen Fluten.

Eines Nachts, so erzählt die Legende weiter, klopfte ein kleines Kind an seine Hütte und wollte über den reißenden Fluss getragen werden. Christophorus sagte zu und nahm es willig auf seine Schultern. Als er die Mitte des Flusses erreicht hatte, wurde das Kind plötzlich so schwer, dass er es kaum noch tragen konnte. Christophorus drohte zu ertrinken. Schweißtriefend und nur mit großer Mühe brachte er es an das andere Ufer.

Dort sprach das Kind zu seinem Helfer: „Was du auf deinen Schultern getragen hast, war schwerer als die ganze Welt. Ich bin Christus, der Herr der Welt. Ich bin der große und mächtige König, den du suchst. Du hast Barmherzigkeit geübt und Barmherzigkeit dafür gefunden. Deine Sünden sind die vergeben." Christophorus freute sich über die Worte des göttlichen Kindes, das ihn auf den Namen „Christus-Träger" taufte. Von diesem Tag an wurde er ein treuer Diener des großen Königs Jesus Christus.

Wir wissen sicher, dass Christophorus vom römischen Kaiser Decius (249/251), einem fanatischen Christusverfolger, enthauptet wurde. Der Grund: Der Heilige hatte in Lykien in Kleinasien den christlichen Glauben verbreitet und das Evangelium von Jesus Christus verkündet. Das Todesjahr von Christophorus lag wahrscheinlich um 250.

Kurz vor seinem Tode, so wird berichtet, betete er im Voraus für alle, die eines Tages durch seine Fürbitte um das göttliche Erbarmen flehen würden, und er bat Gott, dass sie es nicht vergeblich tun möchten. Das Fest des Heiligen feiert die katholische und evangelische Kirche am 24. Juli, die orthodoxe Kirche am 9. Mai.

Schon immer waren gläubige Menschen von der legendären Kraft und Größe des heiligen Christophorus beeindruckt. Die große Verehrung für den Heiligen verbreitete sich etwa ab dem 5. Jahrhundert im Westen und im Osten. Eine griechische Handschrift berichtet, dass Christophorus im Jahre 452 eine Kirche in Chalkedon (Chalzedon), einer Stadt am Bosporus, geweiht wurde. Und eine andere Quelle lässt uns wissen, dass im Jahre 613 in Galatien ein Frauenkloster zu Ehren des Heiligen erbaut und nach ihm benannt wurde.

Seitdem hat sich die Verehrung des Heiligen rasch verbreitet und bis zum heutigen Tage erhalten. Martin Luther (1483–1546), der deutsche Reformator, hat einmal gesagt, Christophorus genieße mehr Ansehen als sämtliche Apostel. Im europäischen Raum gibt es heute über 3000 Orte, an denen der beliebte Heilige verehrt wird. Dazu gehört auch, dass der Name Christoph – auch Christof oder Christoffer – ein sehr beliebter Vorname bei Jungen ist. In den Achtziger- und Neunzigerjahren stand der Name bei deutschen Eltern ganz oben auf der Vornamensliste ihrer Kinder.

Als einer der Vierzehn Nothelfer wird Christophorus von gläubigen Menschen vor allem gegen einen plötzlichen und unvorhergesehenen Tod angerufen. Ein Sprichwort sagt: „Wenn du am Morgen ein Bild des heiligen Christophorus betrachtest, bist du bis zum Abend vor jedem Übel beschützt.“ Früher – besonders in den großen Pestzeiten des Mittelalters – wurden deshalb Bilder des Nothelfers ganz groß an die Eingänge von Kirchen und Spitälern oder an Türmen und Häusern der belebtesten öffentlichen Plätze gemalt.

Immer wieder baten und bitten Menschen bei gefährlichen Unternehmungen den heiligen Christophorus um Hilfe und Fürsprache. Seit dem 13. Jahrhundert ist er der Patron der Seeleute, Flößer, Pilger, Reisenden und Lastträger. Auch schützt er die Gärtner, Obsthändler, Kinder, schwangeren Frauen, Buchbinder, Färber, Hutmacher und Zimmerleute.

Im Jahre 1386 entstand auf dem Arlberg (zwischen Vorarlberg und Tirol) ein Hospiz und eine Bruderschaft zu Ehren des heiligen Christophorus, zu der bald über 800 Mitglieder gehörten. In Frankreich ist der Heilige der Patron der Festungen, in England wird er bei Hagelschlag und Gewitter angerufen. Außerdem ist Christophorus der Schutzpatron der Insel Rab in Kroatien.

Weit verbreitet gilt der Nothelfer Christophorus als Beschützer der Autofahrer. Viele Menschen haben eine Christophorusplakette am Amaturenbrett ihres Autos besfestigt und hoffen – im Vertrauen auf den Heiligen – darauf, wieder heil und gesund nach Hause zurückzukommen. Über der Einfahrt einer großen Kölner Garage steht der Spruch:

„Allen, die hier fahren aus und ein,
Christophorus soll Beschützer sein."

Alljährlich werden in vielen Pfarreien am Festtag des Heiligen (24. Juli) Autos und Motorräder feierlich gesegnet. Es handelt sich hier um ein religiöses Brauchtum, bei dem nicht der magische Einfluss eines Zaubergeistes – wie oft bei Talisman, Amulett und anderen abergläubischen Dingen –, sondern der Segen Gottes erfleht wird. Auch auf dem Petersplatz in Rom findet in jedem Jahr eine solche Segnung der Fahrzeuge und ihrer Lenker statt. Das ist immer ein großartiges Erlebnis für alle, die daran teilnehmen, aber auch für die, die Bilder von der Segnung im Fernsehen sehen.

Nicht nur bei den Kraftfahrern, auch bei den Bauern spielt der heilige Christophorus eine besondere Rolle. So heißt es in einigen überlieferten Bauernregeln, die sich bis zum heutigen Tage erhalten haben:

„Wenn Christoph kommt heran,
man den Roggen schneiden kann.“

„Wenn gedeihen soll der Wein,
muss der Christoph trocken sein.“

Die große Beliebtheit des heiligen Christophorus und seine Verehrung als Nothelfer in vielen Gefahren haben ihren Ausdruck in einer Vielzahl bildlicher Darstellungen gefunden. Für die Maler und Bildhauer aller Zeiten ist der Heilige mit seinen Riesenkräften zu einem beliebten Motiv geworden. Alle großen Künstler – unter ihnen Donato Bramante (um 1444–1514), Tizian (um 1490–1576) oder Albrecht Dürer (1471–1528) – haben sich mit Leben und Sterben des Nothelfers befasst und berühmte Kunstwerke geschaffen.

Auf den meisten Darstellungen ist der heilige Christophorus als Riese abgebildet, das Jesuskind auf der Schulter, einen Stab oder Baumstamm in der Hand. Auf einigen Kunstwerken ist der Heilige als Märtyrer oder als Krieger dargestellt. Weltruhm erlangten die Christophorusfresken des Malers Andrea Mantegna (1431–1506) in der Chiesa degli Eremitani in Padua, von denen noch einige – wie etwa die Szene der Hinrichtung – erhalten sind. In der Ostkirche sind viele schöne Ikonen dem heilligen Christophorus gewidmet.

Zu jeder Zeit – früher wie heute – ist dem heiligen Märtyrer und Nothelfer Christophorus eine besondere Verehrung entgegengebracht worden. Obwohl das, was den Heiligen so bekannt gemacht hat, zumeist auf Legenden zurückzuführen ist, ist und bleibt er für uns von großer Bedeutung. Um durch die Fürsprache des heiligen Christophorus vor den vielen Gefahren des Lebens geschützt zu sein, kann jedem von uns ein überliefertes Gebet eine kleine Hilfe sein:

„Allmächtiger Gott, auf unserem Lebensweg bedrohen uns viele Gefahren. Höre auf die Fürsprache des heiligen Märtyrers Christophorus! Gib, dass wir Christus in uns tragen und mit unseren Weggefährten sicher zu dem Ziel gelangen, für das wir geschaffen sind! Darum bitten wir durch ihn, Jesus Christus. Amen."[15]

Cyriakus

Unter den Vierzehn Nothelfern gehört der Märtyrer Cyriakus zu den weniger bekannten. Dennoch ist der Heilige für viele gläubige Menschen ein wichtiger und geschätzter Nothelfer geworden und bis zum heutigen Tage geblieben. Weil über seine Person nur wenige gesicherte Informationen vorliegen, ist seine Lebens- und Leidensgeschichte von zahlreichen Legenden umrankt.

Sicher bezeugt ist, dass Cyriakus in der zweiten Hälfte des 3. Jahrhunderts gelebt und um das Jahr 304/305 in der Zeit der schrecklichen diokletianischen Christenverfolgung wegen seines christlichen Glaubens mit mehreren Gefährten in Rom den Märtyrertod erlitten hat. Sein Name bedeutet im Griechischen „der dem Herrn Gehörige, Geweihte“. Das Fest des Heiligen, der unter Papst Marzellinus (296/304) Archidiakon (Erzdiakon) gewesen sein soll, wird seit 354 am 8. August gefeiert.

Nach der Legende nahm Cyriakus innigen Anteil an dem Schicksal der von Kaiser Diokletian verfolgten und gequälten Christen. Besonders kümmerte er sich um diejenigen, die wegen ihres Glaubens und ihrer Treue zu Christus gefangen genommen und zu harter Fronarbeit beim Bau der großen kaiserlichen Thermen oder Badeanlagen gezwungen wurden. Cyriakus sammelte bei begüterten Christen Gaben und Lebensmittel und brachte sie mit seinen Freunden Largus und Smaragdus heimlich zu den bedrängten Christen.

Als sein Tun entdeckt wurde, wurde Cyriakus mit seinen Gefährten selbst zur Zwangsarbeit verurteilt. Weil er sich außerdem standhaft weigerte, den heidnischen Göttern zu opfern, wurde er gefangen genommen und ins Gefängnis geworfen. Doch die Kerkerhaft dauerte gottlob nicht allzu lange. Ein guter Umstand brachte dem Heiligen wieder die Freiheit zurück. Eine bekannte Legende erzählt darüber Folgendes:

Artemia, die Tochter Kaiser Diokletians, war von einem bösen Geist befallen worden. Dieser bekannte, dass kein anderer außer Cyriakus ihn aus dem Mädchen vertreiben könne. Daraufhin ließ der Kaiser den Heiligen aus dem Gefängnis holen. Im Namen Jesu Christi gebot Cyriakus dem Teufel, aus dem Mädchen auszufahren. Da verließ der Teufel die Tochter des Kaisers mit großem Geschrei. Tags darauf bekannte sich das Mädchen zum christlichen Glauben und ließ sich taufen. Kaiser Diokletian schenkte Cyriakus die Freiheit und dazu eine Villa, in der er „durch drei Jahre seliglich lebte".

Eine andere Legende erzählt, dass Cyriakus auch an den Hof des persischen Königs gerufen wurde, um die ebenso besessene Königstochter von einem Dämon zu befreien. Cyriakus kam und vertrieb mit seinen Gebeten den bösen Geist aus dem vornehmen Mädchen. Es wird berichtet, dass daraufhin das königliche Elternpaar den christlichen Glauben angenommen habe.

Bald darauf starb der römische Kaiser Diokletian. Unter der Christenverfolgung des Kaisers Maximian († 310) geriet Cyriakus wieder in die Gefangenschaft. Weil er trotz aller Drohungen den christlichen Glauben nicht verleugnete und sich standhaft weigerte, Götzenopfer darzubringen, wurde er mit siedendem Pech übergossen, was er nach der Legende „geduldig erlitt". Danach wurde er – zusammen mit seinen Freunden und zwanzig anderen Christen – enthauptet und begraben.

Bald darauf verfügte Papst Marzellinus, dass Cyriakus und die anderen Märtyrer aus ihren Gräbern genommen und in einer schönen und würdigen Grabstätte auf dem Landgut einer frommen Frau mit Namen Lucina an der Straße von Ostia (Via Ostiense) bestattet wurden. Papst Honorius I. (625/638) ließ über der Grabstätte der heiligen Märtyrer eine Kirche errichten.

Schon frühzeitig setzte in der Kirche die Verehrung des heiligen Cyriakus ein und breitete sich über ganz Europa aus. In der Schatzkammer des Bamberger Kaiserdoms befindet sich eine Armreliquie des Heiligen, die Bischof Otto von einer Romreise in seine Residenz mitgebracht hatte. Andere Reliquien sind in der Kirche St. Cyriakus in Neuhausen bei Worms und in der Abtei Altdorf im Elsass aufbewahrt. Auch in der Kathedrale S. Ciriaco in Ancona (Italien) werden Cyriakus-Reliquien in der Krypta verehrt.

Zahlreich sind die Kirchen und Klöster, die zu Ehren des heiligen Cyriakus gebaut wurden und seinen Namen tragen, zum Beispiel eine Wallfahrtskapelle bei Lindenberg in der Pfalz oder eine Kirche in Erfurt. In ungefähr hundert Kirchen in Deutschland wird das Fest des heiligen Diakons und Märtyrers (8. August) mit feierlichen Gottesdiensten gefeiert. Besonders im rheinischen Raum wird der Heilige besonders verehrt, so etwa in der Pfarrkirche und Pfarrei St. Cyriakus in Hüls bei Krefeld, deren Schutzheiliger er ist.

Wegen der grausamen Folter und des qualvollen Todes wird der Märtyrer und Nothelfer Cyriakus vom gläubigen Volk gern als Patron für eine gute Todesstunde verehrt. Weil er unter Kaiser Diokletian schwere Zwangsarbeit verrichten musste, ist er zum Schutzheiligen der Unterdrückten, Geknechteten und Fronarbeiter geworden. Als Helfer gegen böse Geister und innere Versuchungen wird er angerufen, weil er Besessene von Dämonen befreite. Dazu heißt es in einem überlieferten Nothelferlied:

„Wagt's der Satan, unsre Seelen
mit Versuchung hart zu quälen,
Cyriakus, zeig dein' Macht!
Weis ihn ab zu seiner Schande,
wie du manche Teufelsbande
von Besess'nen ausgejagt."

Der heilige Cyriakus soll vor allem vor Frost und schlechtem Wetter schützen. Deshalb ist er als Schutzpatron der Winzer in allen Weinbaugebieten, vor allem in der Pfalz und in Franken, sehr verbreitet. In Würzburg eninnert der Cyriakusberg mit seiner berühmten Weinlage an den geschätzten Winzerpatron. Auch einige überlieferte Wetterregeln stehen in Verbindung zum „Weinheiligen“ Cyriakus:

„An Cyriak viel Regen
ist dem Wein kein Segen.“

„Nach Cyriaki ist's nicht gut,
wenn's Rebholz jetzt noch treiben tut.“

Zahlreich wie die Patronate sind die bildlichen Darstellungen des Nothelfers Cyriakus. Immer ist er im Gewand eines Diakons abgebildet, meist im jugendlichen Alter, Almosen spendend. Als Attribute hat er Buch, Palme, Schwert sowie einen Drachen oder Teufel an der Kette bei sich. Manchmal ist der Heilige mit einem Mädchen zu sehen, welches die von ihm nach der Legende geheilte Kaisertochter Artemia sein soll.

Eine der ältesten Darstellungen des Märtyrers und Nothelfers Cyriakus ist ein Fresko in San Prassède in Rom aus dem 9. Jahrhundert. Eine berühmte Skulptur des spätgotischen Bildhauers Tilman Riemenschneider (um 1460–1531) stammt aus dem Jahr 1510 und zeigt den Heiligen als Diakon mit einem geschlossenen Buch.

Ein altes Nothelfergebet aus dem „Andachtsbüchlein zu Ehren der heiligen Vierzehn Nothelfer“ fasst unsere Betrachtungen über den heiligen Cyriakus sehr schön zusammen und lädt jeden von uns zum Mitbeten ein:

„Heiliger Diakon Cyriakus! Du hast durch dein Gebet mehrere Besessene aus der Gewalt des Teufels befreit. Als Diakon der Kirche hast du allen leidenden Brüdern und Schwestern gedient und geholfen. Steh auch uns bei in den Lockungen der Sünde und behüte uns vor allen Nachstellungen des bösen Feindes. Halte fern von uns den Geist der Lieblosigkeit und Feindseligkeit. Erbitte uns den Geist echter Bruderliebe. Amen.“[16]

Dionysius

Am 9. Oktober begeht die Kirche den Festtag des heiligen Märtyrers und Nothelfers Dionysius. Wer war dieser Heilige, dessen Name im Griechischen „der dem Gott Dionysos Geweihte“ bedeutet? Vieles, was wir von ihm wissen, ist geschichtlich gesichert, anderes verdanken wir verschiedenen Legenden, die sich um sein Leben und Wirken ranken und in das mittelalterliche Legendenbuch „Legenda aurea“ des Jakobus de Voragine eingingen.

In früherer Zeit ist die Person des Nothelfers Dionysius mit Trägern des gleichen Namens häufig vermischt und verwechselt worden. Zu diesen gehört zum Beispiel der heilige Bischof Dionysius von Alexandrien (um 170–265). Er war ein Kirchengelehrter, von dessen Schriften heute noch einzelne Teile erhalten sind. Bei der Nachwelt erhielt er auch den Beinamen „der Große“. Sein Fest ist am 17. November.

Der Nothelfer Dionysius ist auch nicht identisch mit dem „Dionysius Areopagita“, von dem im Neuen Testament (Apostelgeschichte) die Rede ist. Als der heilige Paulus auf dem Areopag zu Athen seine Ansprache über den „Unbekannten Gott“ gehalten hatte, schlossen sich einige Athener ihm an und wurden gläubig, „unter ihnen auch Dionysius, der Areopagit, außerdem eine Frau namens Damaris und noch andere mit ihnen“ (Apg 17,34).

Der heilige Dionysius, von dem hier die Rede ist, lebte im 3. Jahrhundert und wurde vermutlich in Italien (Rom) geboren. Aus seinen früheren Jahren wissen wir wenig, nur so viel, dass er gläubiger Christ und Priester gewesen ist. Um 250 wurde er von Papst Fabian(us) (236/250), der ihn zum Bischof geweiht hatte, von Rom nach Gallien, ins heutige Frankreich, geschickt, um das Land zu missionieren und das kirchliche Leben zu organisieren.

Dionysius entfaltete eine segensreiche Tätigkeit und verkündete überall die frohe Botschaft des Evangeliums. Der

Priester Rusticus und der Diakon Eleutherius standen ihm dabei hilfreich zur Seite. Viele Menschen nahmen in dieser Zeit den christlichen Glauben an und ließen sich taufen. In Paris waren die Predigten des heiligen Dionysius so erfolgreich, dass eine Christengemeinde auf der Île de la Cité entstand.

Dionysius waltete als eifriger „Sämann Gottes" unter den zahlreichen Heiden der damaligen Zeit. Er bildete zahlreiche Priester aus und errichtete in vielen Städten Kirchen, so in Paris und Chartres. Außerdem wirkte er zahlreiche Wunder, „was wiederum viele Zweifelnde zur vollen Klarheit und so zum wahren Glauben brachte" (Walter Hildebrand).

Dionysius' erfolgreiche Missionstätigkeit missfiel den heidnischen Anhängern der römischen Staatsreligion. Und so konnte es nicht ausbleiben, dass der Missionar während der schrecklichen Christenverfolgung in der zweiten Hälfte des 3. Jahrhunderts (unter Kaiser Decius) mit seinen Gefährten in Paris verhaftet und vor den heidnischen Statthalter (Sisinnius Fescennius) geführt wurde. Der ließ Dionysius schlagen, ihn auf glühende Kohlen legen und auf allerlei andere Weise quälen, weil er dem christlichen Glauben nicht abschwören wollte.

Dionysius überlebte sämtliche Schikanen. Schließlich folterte man ihn am Kreuz und warf ihn in den Kerker. Dort soll Dionysius bekannt haben: „Eher gebe ich meinen Kopf her, bevor ich meinem Glauben untreu werde." Im Gefängnis feierte er mit anderen inhaftierten Christen die heilige Messe, in deren Verlauf ihm – so die Legende – Christus erschien und ihm die heilige Kommunion brachte.

Vermutlich um das Jahr 285 wurde Dionysius mit seinen zwei Gefährten Rusticus und Eleutherius am Rande von Paris enthauptet. Die Christen nannten den Ort, wo die drei hingerichtet wurden „mons martyrum", Berg der Märtyrer. Heute heißt dieser Stadtteil von Paris „Montmartre".

Die Legende erzählt, dass Dionysius des Nachts seinen abgeschlagenen Kopf in die Hände genommen und – von hellem Licht umgeben und von Engeln begleitet – bis zu der Stelle getragen habe, wo er begraben werden wollte. Hier bauten treu gebliebene Christen eine kleine hölzerne Kapelle zu Ehren des Märtyrers. Die heilige Genovefa (um 422–502) ließ über dem Grab, an dem viele Wunder geschahen, im Jahr 469 eine Kirche errichten, die das Ziel zahlreicher Wallfahrer aus nah und fern wurde.

Um das Jahr 625 gründete der Merowingerkönig Dagobert I. über der Grabesstätte des Heiligen die berühmte Kathedrale Saint-Denis. Das über hundert Meter lange und bis heute mehrfach umgebaute und restaurierte Gotteshaus – ein Meisterwerk der frühen Gotik – diente vielen französischen Königen mit ihren Ehefrauen als Beisetzungsort. Hier ruhen in oft kunstvollen Grabmälern u. a. Chlodwig I., Dagobert I., Karl Martell, Pippin der Kurze, Ludwig XII., Franz I., Heinrich II., Ludwig XIV. und Ludwig XVI.

Der heilige Dionysius ist der Nationalheilige Frankreichs und der Stadtpatron von Paris. Früher war er auch der Patron der französischen Könige und der Schutzheilige der französischen Truppen, deren Kampfruf „Montjoie Saint-Denis" lautete. Seine Reliquien werden bis heute in Saint-Denis verehrt.

Als die Mönche des Regensburger Klosters Sankt Emmeram erklärten, sie seien ebenfalls im Besitz von Reliquien des heiligen Dionysius, verbreitete sich die Verehrung für den Bischof auch in Deutschland. Großes Ansehen genoss der Heilige vor allem in Westfalen. Zwischen der Abtei und Klosterkirche Saint-Denis und der berühmten Benediktinerabtei Corvey an der Weser (822–1803) gab es eine enge Verbindung. Dionysius ist der Schutzpatron der Stadt Krefeld am Niederrhein.

Weil er nach der Legende seinen abgeschlagenen Kopf bis zur Begräbnisstätte getragen haben soll, wird der heilige Dionysius als Nothelfer gegen Kopfschmerzen und Kopfkrankheiten angerufen. Ebenso gilt der Heilige im gläubigen Volk als Helfer bei Gewissensängsten, Seelenleiden und

Glaubensnöten. In einem heute noch gesungenen Nothelferlied aus der Barockzeit wird der heilige Nothelfer mit diesen Worten angerufen:

„Dionysius, den herben
Seelentod lass uns nicht sterben,
wenn uns der Versucher naht,
rette uns. Und wenn wir fallen,
auf der Sünder-Bahn wir wallen,
führe uns auf der Buße Pfad!"

Ein altes Wallfahrerlied aus dem Umkreis Fulda, entstanden im Jahr 1726, bittet den heiligen Dionysius um Beistand im Glauben, wenn es darin heißt:

„O Bischoff Dionysi wert,
der du viel Volck zu Gott bekehrt,
thu uns im Glaubn erhaltn all
in diesem großen Jammerthal."

In manchen Gegenden wird der heilige Dionysius als Weinheiliger verehrt. Das hat seinen Grund darin, dass vielerorts an seinem Festtag die Weinlese beginnt. Auch die Schützen haben sich den Heiligen zu ihrem Schutzpatron erwählt. Und die Menschen im ländlichen Bereich erinnern sich am 9. Oktober an die alte Bauernregel:

„Regnet's an Sankt Dionys,
wird der Winter nass gewiss."

Dargestellt wird der heilige Dionysius oft als Bischof, der seinen abgeschlagenen Kopf in den Händen hält. So zeigt ihn unter anderem ein Fresko von Léon Bonnat aus dem 19. Jahrhundert im Pantheon in Paris. Auf anderen bildlichen Darstellungen ist der Nothelfer mit anderen Heiligen abgebildet, zum Beispiel mit Emmeram (um 600–um 652) auf einem Relief am Portal von St. Emmeram in Regensburg (um 1050) oder mit Karl dem Großen (747–814) auf einem Gemälde im Louvre in Paris (15. Jahrhundert).

Erasmus

Wie bei den meisten Nothelfern gibt es auch über Leben und Sterben des heiligen Erasmus kaum historisch gesicherte Zeugnisse. Wenn wir uns trotzdem ein so anschauliches Bild von ihm machen können, dann verdanken wir dies den vielen Legenden, die sich im Laufe der Zeit um seine Gestalt gebildet haben. Durch sie wurde der Nothelfer zu einem hochverehrten Heiligen.

Vermutlich stammte Erasmus – der Name kommt aus dem Griechischen (erasmios) und bedeutet „liebenswürdig, begehrenswert" – aus Antiochia in Kleinasien (heute Syrien). Hier wurde er später zum Bischof ernannt und leitete die dortige Christengemeinde. Er verkündete in seinem Bistum den Glauben an Jesus Christus und bekehrte viele Menschen zum christlichen Glauben – und das in einer Zeit (zweite Hälfte des 3. Jahrhunderts), in der Kaiser Diokletian die Christen grausam verfolgte.

Als Diokletian gegen die Christen immer schrecklicher zu wüten begann, floh Bischof Erasmus aus Antiochia und zog sich auf einen hohen Berg im Libanon zurück, um durch inständiges Beten die Verfolgung abzuwenden. Dort lebte er nach der Legende sieben Jahre in der Einsamkeit, wo er vertrauten Umgang mit den Tieren hatte. Ein Rabe, so wird erzählt, bewahrte ihn während seiner Zurückgezogenheit vor dem Verhungern und brachte ihm täglich das Essen. Das erinnert an den alttestamentlichen Propheten Elija (9. Jahrhundert v. Chr.), von dem eine ähnliche Szene berichtet wird.

Als Soldaten Kaiser Diokletians Bischof Erasmus in seinem Versteck fanden, wurde er nach Antiochia zurückgebracht und vor den heidnischen Richter geführt. Dieser ließ Erasmus wegen seines Bekenntnisses zum christlichen Glauben mit Knütteln und Bleiruten schlagen. Da der Bischof weiter standhaft blieb, ließ ihn der Richter in einen

Kessel mit siedendem Schwefel, Harz und Wachs werfen. Doch der Heilige blieb auf wunderbare Weise unverletzt.

Weil der Bischof weiterhin treu am christlichen Glauben festhielt, befahl der Richter, ihn ins Gefängnis zu werfen und dort mit schweren eisernen Ketten zu fesseln. Er verbot, Erasmus Speise und Trank zu geben, um ihn auf diese Weise verhungern und sterben zu lassen. Doch ein Engel, so erzählt die Legende, befreite den standhaften und mutigen Glaubensbekenner aus dem Gefängnis.

Darauf begab sich Erasmus auf eine weite Seereise, die ihn nach Süditalien brachte. Dort ließ sich der Bischof in der Hafenstadt Formio in der Region Kampanien nieder und verkündete mit unermüdlichem Eifer den christlichen Glauben. Von der Überfahrt nach Italien erzählt eine Legende folgende Begebenheit:

Auf See brachen plötzlich ein kräftiges Gewitter und ein heftiger Sturm aus. Das kleine Schiff, auf dem sich Erasmus und die anderen Reisenden befanden, schaukelte wie eine Nussschale hin und her und drohte zu kentern. Als alle voller Angst glaubten, im Meer versinken und sterben zu müssen, breitete der Bischof seine Arme aus und bat Gott im Gebet um Hilfe und Rettung aus der Seenot. Daraufhin beruhigten sich die tobenden Wellen und das Schiff brachte Erasmus und die Besatzung sicher ans Ziel.

In Formio, das zwischen Rom und Neapel liegt, wirkte Bischof Erasmus als eifriger Seelsorger und Glaubensverkünder. Er predigte unermüdlich das Evangelium und tat viele Wunder. Als Kaiser Diokletian in Rom davon hörte, ließ er den Bischof gefangen nehmen und forderte ihn auf, den heidnischen Göttern zu opfern und den Glauben an Jesus Christus aufzugeben. Erasmus sagte dem Kaiser, dass er niemals die Götzenbilder aus Holz und Stein anbeten, sondern einzig und allein dem wahren Gott der Christen dienen werde.

Als Kaiser Diokletian Bischof Erasmus durch nichts vom christlichen Glauben abbringen konnte, verurteilte er ihn –

wie viele Christen in der damaligen Zeit – zum Tode. Nach der Legende sollen ihm mit einer Winde die Gedärme aus dem Leib gedreht worden sein. Erasmus starb als bischöflicher Glaubenszeuge vermutlich um das Jahr 303. Ein Leben der Qual, der Misshandlung und der Verfolgung hatte ein Ende gefunden!

Von Formio wurden die sterblichen Überreste des Heiligen nach mehr als fünfhundert Jahren – wahrscheinlich im Jahr 842 – in die Hafenstadt Gaeta nördlich von Neapel überführt. Bis heute trägt der dortige Dom, in dem er seine letzte Ruhestätte fand, den Namen San Eramo. Auf dem berühmten Marmorosterleuchter des Doms, der – als 3,5 Meter hohe Säule – einer seiner größten Sehenswürdigkeiten ist, erzählen 24 Reliefszenen vom Leben und Sterben des mutigen und standhaften Bekennerbischofs.

Die Verehrung des heiligen Erasmus geht bis ins 6. Jahrhundert zurück. Schon früh wurden ihm Klöster und Kirchen geweiht. Besonders an den Küsten Italiens, Spaniens, Portugals und Frankreichs pflegten gläubige Menschen das Gedenken an den heiligen Bischof, der ihnen ein großes Vorbild im Glauben war. In Italien verehrte man den Heiligen, der eine ungeheure Ausstrahlung hatte, liebevoll unter dem Kurznamen „San Elmo“ oder „San Ermo“ – und tut dies bis zum heutigen Tage. Mancherorts brachte man die elektrischen Strahlenbündel, die bei schweren Gewittern gelegentlich auf den Mastspitzen der Schiffe zu sehen sind, mit Erasmus in Verbindung und nannte sie Sankt-Elms-Feuer.

Seit dem 14. Jahrhundert wird Bischof Erasmus als Nothelfer verehrt und in unterschiedlichen Nöten und Anliegen angerufen. Menschen bitten den Heiligen, der für seinen Glauben viele Folterqualen erleiden musste, ihnen zu helfen, dass sie ihr Kreuz tapfer und mutig zu tragen und zu er-tragen vermögen. So heißt es in einem alten, überlieferten Nothelferruf:

„Du, Erasmus, hast in Banden
und in Peinen fest gestanden
wie ein Fels in wilder Flut!
Hilf uns unser Kreuz doch tragen,
ohne Murren, ohne Klagen;
fleh zu Gott um Kraft und Mut!"

In zahlreichen Gegenden wird Erasmus bei Bauchweh, Koliken, Krämpfen, Unterleibskrankheiten jeglicher Art und bei Geburtswehen angerufen. Das ist zurückzuführen auf das Martyrium, bei dem man ihm nach der Legende die Gedärme aus dem lebendigen Leib gezogen haben soll. Das Marterwerkzeug der Winde ist auch zum häufigsten Motiv bei der bildlichen Darstellung des Nothelfers auf Gemälden und bei Skulpturen geworden. (Bei manchen Darstellungen ist Erasmus auch mit einer Schiffswinde/Ankerwinde mit einem aufgewickelten Schiffstau zu sehen.)

Ein überliefertes Nothelfergebet aus Unkel am Rhein bittet den heiligen Erasmus – zusammen mit den Nothelfern Dionysius und Blasius – um Hilfe und Fürsprache für alle Menschen, die krank sind und körperliche Schmerzen haben:

„Ihr heiligen Dionysius, Blasius und Erasmus: euch empfehlen wir besonders die Menschen, die unter körperlichen Schmerzen leiden, die Kranken, Verwundeten, Gefolterten und Gekreuzigten. Christus, der Mann der Schmerzen, schenke ihnen Linderung und Bereitschaft, sein erlösendes Todesleiden für diese Zeit mitzutragen."

Der heilige Erasmus ist der Patron der Seeleute und Schiffsreisenden und wird als Helfer bei Unwetter, Stürmen und Ertrinkungsgefahr angerufen. Auch die Seiler, Drechsler, Weber und Schumacher verehren den Nothelfer als ihren Schutzheiligen. Das Landvolk bittet den Heiligen um Hilfe bei Viehseuchen und Krankheiten ihrer Tiere. Und eine überlieferte Wetterregel erinnert an das Namensfest des Nothelfers am 2. Juni:

„An Erasmus viel Donner,
verkündet trüben Sommer."

Der heilige Erasmus hat viele Künstler zu bildlichen Darstellungen angeregt. Auf ihnen ist der Heilige entweder im Bischofsgewand mit Mitra und Stab sowie mit der Winde als Marterwerkzeug oder auch mit Szenen während des Martyriums abgebildet. Manchmal sieht man den Heiligen auch in einem Kessel mit siedendem Öl stehen oder zusammen mit einem Engel. Über seinem Altar in der Peterskirche in Rom befindet sich ein Mosaikbild, auf dem das Herauswinden seiner Gedärme dargestellt ist. Das gleiche Motiv (mit der Feste Coburg im Hintergrund) hat auch der Maler Lucas Cranach (1472–1553) als Bildthema gewählt.

In der Kirche S. Maria an der Via Lata in Rom befindet sich ein großes Wandfresko, das bis ins 8. Jahrhundert zurückreicht und den heiligen Erasmus zeigt, wie er vor dem heidnischen Richter von zwei Henkersknechten geschlagen wird. Eine Skulptur in der Kirche Sankt Blasius in Kaufbeuren zeigt den Heiligen mit Pfriemen, die man ihm bei der Folterung unter die Fingernägel getrieben haben soll.

Die berühmteste Darstellung des heiligen Erasmus stammt von Matthias Grünewald (um 1460/70–1528). Das Gemälde zeigt ihn zusammen mit dem heiligen Mauritius, einem Offizier der Thebaischen Legion, der zwischen 280 und 300 den Martertod fand (Fest am 22. September), und wurde für das Neue Stift Sankt Moritz und Sankt Maria Magdalena a. d. Saale gemalt. Stifter des Kunstwerks war der Erzbischof von Mainz und Magdeburg, Albrecht von Brandenburg, der sich hier in der Gestalt des heiligen Erasmus hat darstellen lassen. Heute ist das Bild einer der größten Schätze der Alten Pinakothek in München.

Eustachius

Unter den Vierzehn Nothelfern ist der heilige Eustachius zeitgeschichtlich wohl der älteste Märtyrer. Sein Name kommt aus dem Griechischen und bedeutet „der Ährenreiche, der Fruchtbare". Nach der romanhaft ausgeschmückten, aus verschiedenen Quellen herrührenden Lebensbeschreibung wurde er um das Jahr 100 oder um die Mitte des ersten Jahrhunderts in Italien (Rom?) geboren und hieß vor seiner Bekehrung Placidus.

Von seinen Eltern wurde Placidus im heidnischen Glauben erzogen. Er erhielt eine militärische Ausbildung und diente als Offizier im römischen Heer. In mehreren Kriegen zeichnete er sich durch besondere Tapferkeit und durch großen Heldenmut aus. Kaiser Trajan (98–117), der Placidus außerordentlich schätzte, beförderte ihn zum Oberst und Befehlshaber einer römischen Legion in Kleinasien.

Eines Tages, so berichtet die Legende, nahm das Leben des römischen Offiziers eine entscheidende Wende. Placidus war mit einer Reihe von Freunden auf der Jagd. Da stieß er in der Einsamkeit des Waldes auf einen großen Hirsch mit einem mächtigen Geweih und eilte ihm nach. Doch das gehetzte Tier entkam ihm immer wieder. Zuletzt hielt der Hirsch auf einem Berg in einer Lichtung an und wandte sich seinem Verfolger zu.

Placidus blickte das mächtige Tier erstaunt an und wollte gerade den tödlichen Pfeil abschießen. Da sah er plötzlich zwischen dem Hirschgeweih ein Kreuz, das hell in der Sonne funkelte. Und er hörte eine Stimme, die vom Kreuz her zu ihm sprach: „Placidus, glaube an mich! Ich bin Christus und habe lange nach dir gejagt. Lasse dich taufen!"

Placidus war erschüttert. Sofort entschloss er sich, den christlichen Glauben anzunehmen. Er ließ sich vom Bischof in Rom taufen und nahm den Namen Eustachius (Eustathius) an. Auch seine Frau Theopista und seine beiden Söhne Agapitus und Theopistus ließen sich taufen und wurden Christen.

Nach einiger Zeit kam großes Unglück und Leid über den Offizier und seine Familie. Durch eine Seuche verlor Eustachius Vieh und Gesinde (Knechte und Mägde), ein Feuer zerstörte sein Haus und vernichtete sein gesamtes Hab und Gut. Völlig verarmt konnte es Eustachius in Rom nicht mehr aushalten. Er verließ die Armee und bestieg ein Schiff, um mit seiner Familie außer Landes zu gehen.

Eustachius floh nach Ägypten. Doch schon bald folgte neues Unheil. Da Eustachius bei der Landung die Überfahrt nicht bezahlen konnte, behielten die Schiffsleute seine Frau als Sklavin. Seine beiden Söhne wurden nach der Ankunft in Ägypten entführt. Eustachius wurde – auf sich allein gestellt – Viehhirte in einem Dorf und diente als Knecht einem Bauern, wie die Legende sagt, „fünfzehn Jahre mit großem Fleiß".

Das Römische Reich, von Feinden hart bedrängt, vermisste in seiner Kriegsnot sehr bald seinen ehemaligen sieggewohnten Oberst. Kaiser Trajan ließ nach Eustachius suchen und machte ihn nach längerem Suchen in Ägypten ausfindig. Seine Soldaten fanden ihn bei der Feldarbeit. Eustachius wurde nach Rom zurückgeführt und errang – wieder mit dem Oberbefehl betraut – an der Spitze des Heeres einen glänzenden Sieg über die Perser. Durch eine wunderbare Fügung, so erzählt die Legende, soll auch die zerstreute Familie wieder zusammengekommen sein.

In Rom wurde der siegreiche Eustachius von Kaiser Hadrian (76–138), der inzwischen Kaiser Trajan im Amt nachgefolgt war, mit großen Ehren empfangen. In einem festlichen Triumphzug wurde der römische Offizier von der ganzen Stadt gefeiert und geehrt. Zur Siegesfeier in Rom sollten nach dem Willen des Kaisers auch Götzenopfer dargebracht werden. Doch der Christ Eustachius weigerte sich, den heidnischen Göttern solche darzubringen.

Darauf ließ Kaiser Hadrian den Offizier zu sich kommen und stellte ihn zur Rede. Der Kaiser fragte: „Warum willst du den heidnischen Göttern nicht opfern? Sie haben dir doch zum Sieg verholfen." – Eustachius antwortete: „Mir hat mein Herr Jesus Christus geholfen." – Der Kaiser: „Die Römer haben schon gesiegt, bevor Jesus Christus geboren wurde." – Eustachius: „Christus ist Gott und Mensch und wurde um unseretwillen geboren. Und haben die Römer je gesiegt, so ist es mit seiner Hilfe geschehen. Denn ohne ihn können wir nichts tun."

Da wurde Kaiser Hadrian zornig und befahl, Eustachius mit seiner Familie in der Arena den Löwen vorzuwerfen. Doch die Tiere taten nicht, was der Kaiser von ihnen erwartete. Sie legten sich den mutigen Bekennern zu Füßen und rührten sie nicht an. Darauf ließ der Kaiser in heidnischem Fanatismus Eustachius mit seiner Frau und seinen Söhnen in einen aus Erz gegossenen, glühenden Kessel (der die Form eines Stieres hatte) werfen, in dem sie verbrennen sollten. Nach drei Tagen fand man die vier Christen zwar tot, aber unversehrt. Christen „bestatteten die heiligen Leichname mit Andacht", berichtet die Legende. Als Todesjahr wird das Jahr 118 genannt.

Der Märtyrer Eustachius ist ein sehr volkstümlicher Heiliger. Seine Verehrung begann zuerst in der Ostkirche. Für die lateinische (römische) Kirche ist sie seit dem Anfang des 8. Jahrhunderts nachweisbar. Der Leichnam des Heiligen ruht bis heute in einem kostbaren Porphyrsarg in der Kirche S. Eustachio in Rom. Ein Teil der Reliquien kam in die Pfarrkirche St-Eustache in Paris. Das Fest des Märtyrers, der Patron der Städte Paris und Madrid ist, feiert die Kirche am 20. September (früher auch am 3. November).

Als einer der Vierzehn Nothelfer wird der heilige Eustachius vor allem in schweren familiären Schicksalsschlägen – etwa bei Trauerfällen – und in anderen verzweifelten Lebenssituationen angerufen. Das hat damit zu tun, dass der Heilige nach der Legende mit seiner Familie viel Leid erfahren musste und von Frau und Kindern über viele Jahre getrennt war. In einem überlieferten Nothelferlied bitten Christen den heiligen Eustachius mit folgenden Worten um Hilfe:

„Wenn, Eustachius, die Wellen
allen Unglücks auf uns prellen,
flöß uns wahre Großmut ein.
Lass in solchen bittern Stunden
Jesu Kreuz und teure Wunden
unser Trost und Zuflucht sein."

Wie der heilige Bischof Hubertus von Lüttich (um 655–727) wird Eustachius als Patron der Jäger und Forstleute verehrt. Während Ersterer überwiegend in Belgien, Frankreich und Norddeutschland als Schutzpatron der Jagd verbreitet ist, findet sich Eustachius häufig in Österreich und Bayern als Schutzpatron der Jäger und als Namensgeber für Jägerschaften, wie etwa die Akademische Jägerschaft St. Eustachius in Würzburg. Lange Zeit wurde Eustachius auch mit Hubertus verwechselt, sodass man in manchen Gegenden seinen Gedenktag am 3. November (manchmal auch am 2. November) feierte.

Neben den Jägern und Forstleuten haben weitere Berufsgruppen den heiligen Eustachius zu ihrem Schutzheiligen erwählt, unter ihnen die Schützen, Tuchhändler, Krämer und Klempner. Auch die Bauern gedenken des Heiligen an seinem Festtag (20. September), wenn es in zwei überlieferten Wetterregeln heißt:

„Wenn Eustachius weint statt lacht,
Essig aus dem Wein er macht."

„Trocken wird das Frühjahr sein,
wenn Sankt Eustach klar und rein."

Schließlich wird der Heilige in neuerer Zeit als Schutzherr der Umwelt und der Natur verehrt; Er hilft, so heißt es, allen Menschen, die versuchen, die Schöpfung – zum Beispiel Luft, Wasser, Erde, Pflanzen und Tiere – vor Zerstörung und Vernichtung zu bewahren. In einem kleinen Gedicht von Dominik Lutz heißt es über den „Heiligen des Waldes“:

„Einst bist du, Eustachius,
Gottes Huld begegnet,
der den schönen Hirsch erschuf
und die Schöpfung segnet.
Hilf uns die Natur verstehn
und in ihr die Spuren des Schöpfers sehn.“[17]

Eustachius ist meist in Jägerkleidung dargestellt, manchmal auch als römischer Offizier oder Ritter, oft auf einem Pferd sitzend. Abgebildet werden entweder die Legendenszene, wie er im Geweih eines Hirsches das leuchtende Kreuz entdeckt und sich dabei entschließt, Christ zu werden, oder das Martyrium, wie er in einem brennenden Bronzekessel hineingeworfen wird und den Märtyrertod stirbt.

Berühmte Darstellungen des heiligen Eustachius sind die Glasfenster in der Kathedrale von Chartre, ein Glasfenster im Dom von Erfurt, der kostbare Paumgartneraltar von Albrecht Dürer (1498–1504) in der Alten Pinakothek München und ein Gemälde des italienischen Malers Antonio Pisanello („Vision des heiligen Eustachius“) in der National Gallery in London (1430). Besonders eindrucksvoll ist eine Eustachiusfigur in der berühmten Wallfahrtskirche Vierzehnheiligen (Oberfranken), wo der Heilige – gekleidet und bewaffnet wie ein Jäger – einen Hirsch mit dem Kreuz im Geweih umarmt.

Zum Schluss noch eine Bemerkung zu der Legende vom Hirsch mit dem Kreuz im Geweih, die dem heiligen Eustachius zugeschrieben wird (und dann später auf den heiligen Hubertus und weitere Heilige übertragen wurde). Diese

Legende ist keine Schöpfung aus frühchristlicher Zeit. Sie kam als Wandermotiv aus dem indisch-buddhistischen Kulturkreis über Mesopotamien, Griechenland und Italien nach Westeuropa.

Aus dem Buddhismus ist eine Erzählung aus Ceylon bekannt, nach der im 3. Jahrhundert vor Christus ein indischer König mit seinen Gefolgsleuten auf der Jagd einen wunderschönen Hirsch angetroffen haben soll. Der Hirsch trug zwischen silbernen Geweihstangen goldene Flämmchen, die wie Edelsteine flimmerten. Der König stellte den Hirsch nach einer wilden Verfolgungsjagd und hörte dann eine Stimme sprechen: „Lass ab vom Bösen, oh König! Versenke dich und bekenne dich zu Buddha!"

Georg

Der heilige Ritter und „Erzmärtyrer“ Georg ist einer der beliebtesten Heiligengestalten aller Jahrhunderte. Sowohl im christlichen Altertum als auch im Mittelalter und in der neueren Zeit genießt der Heilige eine ganz besondere Verehrung – und das in fast allen Ländern der Erde. Sein Bild, auf dem Georg als Soldat auf einem Pferd sitzt und einen Drachen tötet, gehört zu den bekanntesten Darstellungen der Christenheit. Nach dem Erzengel Michael nimmt der Heilige als Drachenkämpfer den ersten Platz ein.

Es gibt kaum verlässliche historische Daten über das Leben und Wirken des heiligen Georg. Was wir sicher wissen, ist nicht viel mehr, als dass Georg aus einer vornehmen Familie in Kappadozien in Kleinasien (südliche Türkei) stammte, christlich erzogen wurde, zuerst Soldat und später Befehlshaber (Oberst) im römischen Heer unter Kaiser Diokletian war und um das Jahr 305 den Märtyrertod erlitten hat. Alles andere entstammt verschiedenen Legenden, die sich im Laufe der Zeit um die Person des Heiligen gebildet haben.

Die bekannteste Legende stammt aus der Feder des mittelalterlichen Legendenschreibers Jacobus de Voragine (ca. 1230–1298). Sie hat das Bild vom heiligen Georg als Ritter und Drachentöter bis zum heutigen Tage in der Bevölkerung geprägt. Die Legende erzählt, dass der Heilige eines Tages auf einer Reise in die Stadt Sila in Lybien kam. Dort hielt eine riesiger Drache, der in einem nahegelegenen See lebte, die Menschen in panischem Schrecken. Die Bewohner der Stadt fürchteten sich vor ihm, weil er mit seinem giftigen Atem alles verpestete. Um ihn von der Stadt fernzuhalten, brachten sie jeden Tag zwei Schafe zum See, die der Drache als Nahrung verzehrte.

Als die Zahl der Schafe in der Stadt immer kleiner wurde, opferten die Menschen jeden Tag nur noch ein Schaf, aber noch ein kleines Kind dazu, das durch das Los bestimmt wurde. Eines Tages fiel das Los auf die Tochter des Königs. Der Vater war verzweifelt, weil er sich von seinem geliebten Kind nicht trennen konnte. Schließlich blieb dem König nichts anderes übrig und gab seine Tochter als Opfer für den Drachen her.

Als die Königstochter, die in Brautkleidung ihren Opfergang antrat, schon am Drachensee war, kam der Ritter Georg dahergeritten und fragte sie nach ihrem Vorhaben. Das Mädchen erzählte Georg von den schrecklichen Opfern, die dem Drachen jeden Tag dargebracht werden mussten. Es warnte den Ritter vor dem Untier und sagte ihm, er solle, bevor der Drache aus dem See steige, flüchten und so sein Leben retten.

Dazu konnte sich Georg nicht entschließen. Er sagte zu dem Mädchen: „Liebe Tochter, fürchte dich nicht! Ich will dir helfen im Namen Jesu Christi." Dann bestieg der Ritter sein Pferd und griff den Drachen, der bereits sein Maul schnaubend aus dem See streckte, mit der Lanze an und verletzte ihn schwer. Darauf zog er das Tier aus dem See, schleppte es gefesselt in die Stadt und führte es vor das Volk.

Georg versprach den Menschen, die aus allen Teilen der Stadt zusammenliefen, den Drachen zu töten, wenn sich alle von ihm taufen lassen würden. Als das Volk und der König damit einverstanden waren, tötete Georg den Drachen. Jetzt war die Königstochter und mit ihr die ganze Stadt vor dem Untier gerettet. Darauf bekehrten sich der König und das Volk zum christlichen Glauben und ließen sich taufen. Insgesamt sollen es 15 000 Menschen gewesen sein, die vom Ritter Georg die Taufe empfingen.

Georg verließ anschließend die Stadt und zog weiter. Als bald darauf die schrecklichen Christenverfolgungen unter Kaiser Diokletian ausbrachen, legte Georg seine Rüstung ab und gab seinen angesehenen Dienst im Heer auf. Er mischte sich als einfacher Mann unter die verfolgten Christen, um die Verzagenden unter ihnen im Glauben zu bestärken.

Kaiser Diokletian war erbost über Georgs Bekenntnis zum christlichen Glauben und ließ ihn vor sich treten. Georg bekannte offen und mutig vor dem Kaiser: „Ich habe alles verlassen, damit ich dem Gott des Himmels umso freier dienen kann."

Diokletian versuchte zuerst mit guten Worten und vielen Versprechungen, Georg zum Abfall vom Christentum zu bewegen. Als alles nichts half und Georg bei seiner Überzeugung blieb, ließ der Kaiser ihn festnehmen und grausam foltern. Doch alle Folterungen – Georg wurde u. a. auf ein schwerterbesetztes Rad gebunden und mit glühendem Blei übergossen – überstand der tapfere Bekenner ohne Verletzungen. Wegen dieses Wunders bekehrte sich viel Volk, darunter auch des Kaisers Gemahlin Alexandria, zum Christentum.

Darauf gebot der Kaiser, dass sein ehemaliger Kriegsoberst und eine Reihe anderer treuer Glaubensfreunde – unter ihnen auch die Kaiserin – enthauptet werden sollten. Georg wurde durch die ganze Stadt geschleift und anschließend vor ihren Toren hingerichtet. Zuvor soll er noch zu Gott gebetet haben, dass alle, die seine Hilfe anrufen würden, „ihre Bitten erfüllt bekommen möchten". Georg soll bei seinem Tod erst 33 Jahre alt gewesen sein. Sein Grab wird im heutigen Lod in Israel, einer einstmals kleinen römischen Stadt, vermutet.

Schon bald nach Georgs Martertod – vermutlich im Jahr 305 – wurde der Heilige vom christlichen Volk hoch verehrt. Das war deswegen möglich, weil nach Diokletian Kaiser Konstantin der Große (um 285–337) an die Macht kam und die Christen nicht mehr verfolgt wurden. Überall im Römischen Reich verbreitete sich die Kunde von dem tapferen Drachentöter, vor allem in der Ostkirche. Viele Städte und Landschaften wurden nach ihm benannt. Die wohl erste gesicherte Darstellung ist ein Fresko aus dem 6. Jahrhundert in einem koptischen Kloster in Ägypten, das den heiligen Georg als Krieger zu Fuß zeigt.

Vom Osten verbreitete sich die Verehrung des heiligen Georg auch rasch im Abendland. Seine Verehrung erlebte besonders im Mittelalter eine Hochblüte. Noch vor dem 12. Jahrhundert wurden Georg viele Kirchen geweiht, so in Prag, Limburg und Bamberg. Spitäler stellten sich unter seinen Schutz ebenso wie einzelne Kranke. Er wurde der Patron der Kreuzfahrer und Deutschordensritter, verschiedener Ritterorden und Bruderschaften. Eine Zeit lang hießen die Dardanellen (zwischen der Ägäis und dem Marmarameer) „Meerenge des heiligen Georg".

Seit der Synode in Oxford im Jahr 1222 ist der heilige Georg der Patron Englands. Bis heute wird der Georgstag am 23. April genauso feierlich begangen wie das Weihnachtsfest. Wenn die Königin berühmte Leute mit dem höchsten englischen Orden auszeichnen will, verleiht sie ihnen den „Georgsorden", der auch „Hosenbandorden" heißt. Diesen Orden hat König Eduard III. (1312–1377) im Jahr 1348 gegründet. In England gibt es heute über 160 Georgskirchen. Auch in anderen Ländern wird der Heilige als Patron und Nationalheiliger verehrt, etwa in Schweden, Litauen oder Georgien, das seinen Namen trägt.

Im 14. Jahrhundert wurde der heilige Georg in den Kreis der Vierzehn Nothelfer aufgenommen. Früher wie heute wird der Heilige, der mutig und tapfer gegen das Böse kämpfte, vom gläubigen Volk in Gebeten und Liedern als Helfer und Fürsprecher angerufen, und zwar in allen Kämpfen und Schwierigkeiten des Lebens. Viele Wunder werden seiner Fürsprache zugeschrieben. Zahlreiche Votivtafeln in Kirchen und Kapellen, die dem heiligen Georg geweiht sind, zeugen von dem innigen Vertrauen, das Menschen dem Heiligen und seiner Fürbitte entgegenbringen. In einem alten Nothelferruf heißt es:

„Heil'ger Georg, du starker Ritter,
sei der Schutz- und Gnadenbitter
für die ganze Christenheit;

hilf dem Christenheere siegen,
lass im Kampf es nicht erliegen,
wenn es für den Glauben streit'."

Die große Beliebtheit des heiligen Georg als Nothelfer zeigen die zahlreichen Patronate, die dem Heiligen im Laufe der Jahrhunderte zugedacht wurden und z. T. bis heute lebendig geblieben sind. Soldaten und Reiter, Schützen- und Kaufmannsgilden, Sattler und Schmiede, Bergleute und viele weitere Berufsgruppen haben den Reiterheiligen zu ihrem Schutzpatron erwählt. Die katholischen Pfadfinder verehren Georg als ihr Vorbild, weil er ihnen vorgelebt hat, wie man als Christ treu, tapfer und mit reinem Herzen seine Pflicht tut und das Leben meistert. Georgsreliquien werden an verschiedenen Orten verehrt, zum Beispiel in Toulouse (Frankreich), Ferrara (Italien) oder im Georgskloster auf der Insel Reichenau.

Vor allem für die Bauern ist Georg im Anklang an seinen Namen – das griechische Wort „georgos" bedeutet der Bauer, der Landwirt – zu einem wichtigen Heiligen und geschätzten Nothelfer geworden. Sie verehren den Heiligen als Schutzherrn für ihre Haustiere, namentlich für ihre Pferde. Sein Fest am 23. April – meist jedoch einer der darauf folgenden Sonntage – ist von reichem Brauchtum umgeben. Dazu gehören – vor allem in Bayern – Georgiritte und Segnungen der Tiere. Albert Bichler beschreibt dieses Brauchtum mit folgenden Worten:

„Pferdeumritte zu Ehren des Heiligen auf dem Pferd kann man in Bayern alljährlich an vielen Orten erleben, z. B. in Ruhpolding und Tittmoning in Oberbayern, in Aidenbach in Niederbayern, auf dem Auerberg in Schwaben und in Effeltrich in Oberfranken. Wohl am bekanntesten ist der Georgiritt von Traunstein. Hier ziehen am Morgen des Ostermontags die Reiter mit ihren festlich herausgeputzten Pferden unter Glockengeläut, Fanfarenklängen und Trommelwirbel vom Marktplatz zu einer Georgskapelle außerhalb der historischen Stadt. Dort umreiten die Bauern und Pferdeliebhaber die auf einer Anhöhe gelegene Kirche. Der Höhepunkt ist dabei der kirchlichen Segen für Tiere und Reiter."[18]

In früheren Zeiten konnten im bäuerlichen Bereich Dienstboten am Fest des heiligen Georg ihren Dienstherrn wechseln und Zinsen wurden höchstens bis zum Georgstag gestundet. Wichtig für die Bauern war auch, dass am Georgstag die Felder nicht mehr betreten werden durften. In manchen Gegenden wurde, wenn die Witterung es zuließ, das Vieh zum ersten Mal wieder auf die Weide getrieben. Einige Wetterregeln haben sich bis zum heutigen Tage erhalten:

„Sankt Georgs Pferd
tritt den Hafer in die Erd."

„Auf Sankt Georgs Güte
stehen alle Bäum in Blüte."

„Zu Georgi naus,
zu Michaeli (29. 9.) wieder nach Haus."

Zahlreich wie die Patronate sind die bildlichen Darstellungen des heiligen Georg. Die berühmtesten Künstler und Maler haben sich in ihren Werken mit seiner Person beschäftigt. Meist wird der Heilige als Krieger oder Ritter dargestellt, der auf einem Pferd sitzt und mit einer Lanze oder einem Schwert den Drachen, das Sinnbild des Bösen, tötet. Sein Pferd ist in der Regel braun, weil sein Fest in die Saatzeit fällt, während der heilige Martin häufig auf einem weißen Pferd erscheint, da sein Fest (11. November) zu Beginn der Winterzeit gefeiert wird.

Zu den bekanntesten Darstellungen des Heiligen gehören u. a. „Der heilige Georg" von Albrecht Dürer auf dem Paumgartneraltar in der Alten Pinakothek in München (um 1498–

1504), „Georg beim Kampf mit dem Drachen" von Peter Paul Rubens im Padro in Madrid, „Georg und Michael" von Raffael im Louvre in Paris, „Heiliger Georg mit Drachen" von Paolo Uccello in der National Gallery in London (1455) oder „Heiliger Georg" von Andrea Mantegna in der Galleria dell' Accademia in Venedig (1497). Nicht zu vergessen sind die zahlreichen Georgsikonen aus dem Schatz der Ostkirche, die die Erinnerung an den heiligen Märtyrer und Nothelfer wachhalten.

Die besonders starke Verehrung des heiligen Georg zeigt sich nicht zuletzt in der großen Verbreitung seines Namens als Vorname – und das in allen Sprachen des europäischen Kontinents. Darunter fallen auch die zahlreichen Namen, die sich von „Georg" ableiten lassen, wie zum Beispiel: Görg, Jörg, Jürgen, George, Schorsch, Igor oder Juri. Das alles macht deutlich, dass der heilige Georg bis zum heutigen Tage ein geschätzter und beliebter Volksheiliger geblieben ist.

Katharina

Die Lebensgeschichte der heiligen Katharina von Alexandrien beruht – ebenso wie die fast aller Vierzehn Nothelfer – zum großen Teil auf Legenden. Historisch greifbare Informationen sind kaum zu finden. Einen Hinweis auf die geschichtliche Realität Katharinas gibt möglicherweise ein Fresko in der römischen Katakombe der heiligen Cyriaka aus dem 5. oder 6. Jahrhundert, das die Aufschrift „Sancta Catharina" trägt.

Die romanhaft ausgestaltete Legende, die vom Leben und Sterben der heiligen Katharina erzählt, stammt aus dem 6. oder 7. Jahrhundert und wurde auf Griechisch niedergeschrieben. Im 8. Jahrhundert dürfte sie ins Lateinische übertragen und wenig später auch in verschiedene europäische und orientalische Volkssprachen übersetzt worden sein.

Die Legende vom Leben und Leiden Katharinas hat um die Mitte des 13. Jahrhunderts Eingang gefunden in die „Legenda aurea" des späteren Erzbischofs von Genua, Jacobus de Voragine. Bei der nachfolgenden Zusammenfassung der Lebensgeschichte Katharinas greifen wir auf diese mittelalterliche Legendensammlung zurück.

Katharina – der aus dem Griechischen kommende Name bedeutet „die allzeit Reine" – lebte zu Beginn des 4. Jahrhunderts als Tochter des heidnischen Königs Costus von Zypern im ägyptischen Alexandria. Sie war nicht nur ein über alle Maßen schönes Mädchen, sondern zugleich auch außergewöhnlich klug und sehr gebildet. Außerdem war sie als Königstochter mit unermesslichen Reichtümern und Gütern gesegnet.

Neben der Schönheit und Klugheit war Katharinas hervorstechendste Eigenschaft ihr übermäßiger Stolz. Mit diesem wies sie jeden jungen Mann zurück, der um ihre Hand anhielt. Keiner war ihr auch nur annähernd gut genug, keiner konnte ihr das Wasser reichen. Dem einen fehlte das Geld, einem anderen das gute Aussehen, wieder einem anderen der Verstand. Katharina wollte nur einen Bräutigam heiraten, der reicher und schöner, klüger und mächtiger als sie selbst war.

Eines Tages traf die Königstochter – ihre Eltern waren bereits tot – mit einem greisen Einsiedler zusammen. Dieser riet ihr, den Besten und Schönsten zum Bräutigam zu wählen: Jesus Christus. Er erzählte dem Mädchen die Frohe Botschaft vom Menschensohn, der Gott selber sei und über allen Königen der Welt stehe. „Jesus Christus", so sprach der Einsiedler, „hat keine Macht an sich gerissen. Er hat nicht mit dem Schwerte gekämpft und keine Königreiche erobert. Er hat vielmehr den Menschen Frieden gebracht und die Liebe verkündigt. Die Liebe ist nämlich die stärkste Macht der Welt, und wer liebt, ist ein König."

Katharina war von den Worten des Einsiedlers zutiefst beeindruckt. Das Gespräch bewirkte eine tiefe Nachdenklichkeit in ihr. Sie erkannte mit einem Mal ihre bisherigen Fehler und erschrak ob der hohlen Ansichten, die sie über alles und jeden im Leben gehabt hatte. Sie sprach: „Dem König Jesus Christus allein will ich dienen!" Bald darauf suchte sie einen Priester auf und empfing von ihm das Sakrament der Taufe.

Katharina weihte von nun an ihr Leben ganz dem Dienst Christi. Sie verschenkte ihr Hab und Gut, das sie von den reichen Eltern geerbt hatte, an die Armen und Bedürftigen. Sie kümmerte sich liebevoll um Kranke und Hilflose und lebte als gottgeweihte Jungfrau vorbildlich inmitten der Christengemeinde.

Als Katharina achtzehn Jahre alt war, wurde in Alexandria ein Opferfest zu Ehren der heidnischen Götter gefeiert. Kaiser Maxentius (306–312) hatte allen Bewohnern der Provinz, Armen wie Reichen, befohlen, in die Hauptstadt zu kommen. Dort sollten sie den römischen Göttern opfern. Jeder, der sich weigern sollte, werde zum Tode verurteilt und hingerichtet. Als Katharina den Lärm in der Straßen hörte, sandte sie einen Boten aus, um zu erfahren, was in der Stadt vorging. Dieser berichtete ihr von dem Opferkult, den der römische Kaiser angeordnet hatte. Katharina zog mit ihrer Dienerschaft eilends zum Festplatz, wo sie miterleben musste, wie auch die Christen gezwungen wurden, den heidnischen Göttern zu opfern.

Katharina stellte den Kaiser kühn und furchtlos zur Rede. Sie erklärte ihm, dass seine Götter nichts als machtlose Götzen seien. Sie weigerte sich, die marmornen Figuren als allwaltende Götter anzuerkennen und anzubeten. „Erkenne den wahren Gott", herrschte sie ihn an, „der dir dieses Reich gegeben hat, und beuge deine Knie vor ihm!" Eindringlich sprach Katharina gegenüber dem Kaiser von der Allmacht Gottes und von der Menschwerdung seines Sohnes, Jesus Christus.

Der verunsicherte Regent wusste darauf nichts zu erwidern. So ließ er Katharina in ihren Palast zurückführen und dort streng bewachen. Heimlich schickte er Boten mit Briefen in alle Himmelsrichtungen und ließ aus allen Provinzen des riesigen Römischen Reiches 50 der gelehrtesten Männer zusammenkommen. Diese sollten Katharina in aller Öffentlichkeit der falschen Aussage überführen.

Als die 50 Gelehrten in Alexandria eintrafen, ließ Kaiser Maxentius die kluge und gelehrte Jungfrau rufen. Als diese hörte, was man von ihr verlangte, sagte sie zum Kaiser: „Welch eine Ungerechtigkeit, dass du die klügsten Gelehrten des Reiches gegen mich einfache Frau antreten lässt! Ihnen hast du großen Lohn versprochen, wenn sie mich überwinden. Doch auch mir ist eine Belohnung versprochen: Christus, für den ich streite, wird selbst mein Lohn sein!"

Katharina flehte, so erzählt die Legende, in stillem Gebet zu Gott, dass er sie im Gespräch mit den gelehrten Männern erleuchten und ihr die rechten Worte zur Verteidigung des christlichen Glaubens eingeben möge. Da erschien ihr ein Engel, der ihr Trost und Mut zusprach und ihr voraussagte, dass sie die ungläubigen Gelehrten alle überwinden werde.

Nun begann der Disput. Die gelehrten Männer saßen im Kreis um Katharina herum und bemühten sich redlich, der Bekennerin den Glauben an Jesus Christus auszureden und sie für den Götzendienst zu gewinnen. Doch Katharina gelang es, mit ihren Reden die Gelehrten zu beeindrucken. Sie widerlegte jedes Argument, das die 50 Männer vorbrachten, mit einer solchen Sicherheit, dass ihre Gegner nicht nur vor Staunen verstummten, sondern sich selbst begeistert zu Christus bekannten und sich schließlich taufen ließen.

Da wurde der Kaiser zornig und begann, die Gelehrten zu beschimpfen, weil sie sich von einer Frau hatten besiegen lassen. Auf diese Vorwürfe hin erhob sich der Berühmteste der 50 Weisen und sagte: „Du weißt, Kaiser, dass wir noch jeden, der uns im Disput gegenüberstand, mit Leichtigkeit überwunden haben. Aus dieser Jungfrau aber spricht der Geist Gottes. Ihre Worte haben uns überzeugt, dass ihr Glaube der richtige ist. Wenn du, o Kaiser, uns also keine besseren Gründe für den Glauben an die alten Götter nennen kannst, so bekennen wir uns von nun an alle zu Jesus Christus!“ Als der Kaiser das hörte, raste er vor Wut. Er verurteilte daraufhin die 50 Weisen zum Tod auf dem Scheiterhaufen. So wurden die gelehrten Männer – von Katharina bis zum letzten Augenblick im Glauben und im Gottvertrauen bestärkt – zu Märtyrern Jesu Christi.

In einem überlieferten Wallfahrerlied aus dem Umkreis Fulda aus dem Jahr 1726 heißt es:

„O Catharin, Braut Gottes rein,
wer preist genug die Weisheit dein?
All Weysen überwunden hast,
obschon der Kayser tobt und rast.“

Katharina bot der Kaiser an, als „Erste“ in seinem Palast zu leben, um als Königin neben ihm zu herrschen und als Göttin verehrt zu werden. Als sie ablehnte, ließ er sie – blind vor

Zorn – geißeln und mit Ruten auspeitschen. Dann befahl er, Katharina in den finsteren Kerker zu werfen, wo sie zwölf Tage lang ohne Nahrung gefangen gehalten wurde.

Nun geschah es, dass der Kaiser in politischen Angelegenheiten die Stadt verlassen musste. Während seiner Abwesenheit schlich sich seine Gemahlin, Kaiserin Justina, die von tiefem Mitleid mit Katharina erfüllt war, mit Porphyrius, dem Anführer der kaiserlichen Truppen, zu Katharina in den Kerker. Als die beiden den Raum betraten, erblickten sie plötzlich Engel, die die Wunden Katharinas mit Salben pflegten, und eine weiße Taube, die vom Himmel herabkam, um Katharina mit Nahrung zu versorgen.

Schließlich sahen die Kaiserin und der Feldherr, wie Jesus selbst mit einem Gefolge von Engeln und Märtyrerinnen erschien. Der Herr sprach zu Katharina: „Sei unverzagt, meine Tochter! Ich bin Christus, für den du diesen Kampf auf dich genommen hast, und ich werde allezeit bei dir sein." Nach diesen wunderbaren Geschehnissen erzählte Katharina der Gemahlin des Kaisers und dem Feldherrn in beredten Worten von Jesus Christus und den Freuden des ewigen Lebens. Daraufhin bekehrten sich beide zum christlichen Glauben und verlangten nach der Taufe.

Als Kaiser Maxentius von seiner Reise zurückkehrte, ließ er Katharina abermals zu sich holen. Da sie wiederum seinem Schmeicheln widerstand und sein Angebot mit Entschiedenheit ausschlug, befahl er, Katharina auf vier mit spitzen Nägeln bestückte Räder zu binden, die sie zerreißen sollten. Das war damals eine beliebte Methode, um Menschen zu Tode zu foltern. Doch des Kaisers Wunsch, dass durch diese grausame Folterung Katharinas alle anderen Christen abgeschreckt würden, erfüllte sich nicht. Katharina betete zu Gott und auf ihr Gebet hin kam ein Engel vom Himmel und zerstörte das Marterinstrument, das mit großer Gewalt auseinanderbarst.

Die Kaiserin machte ihrem Gemahl bittere Vorwürfe wegen seiner Grausamkeiten und bekannte ihm, dass sie während seiner Abwesenheit selbst Christin geworden sei. Wutentbrannt ließ der Kaiser daraufhin seine eigene Gemahlin vor die Stadt schleppen, grausam foltern und schließlich mit dem Schwert enthaupten.

Am nächsten Morgen fragte der Kaiser nach dem Leichnam seiner Gattin. Als er erfuhr, dass dieser in der Nacht begraben worden sei, wütete er mehr als je zuvor und drohte, er werde jeden, der in die Nähe der Hingerichteten gekommen sei, töten lassen. Da trat der Feldherr Porphyrius vor und bekannte dem Kaiser: „Ich bin es gewesen, der den Leichnam begraben hat, denn auch ich bekenne mich zu Jesus Christus und zum christlichen Glauben." Da ließ der Kaiser auch Porphyrius und mit ihm viele seiner Soldaten, die sich ebenfalls als Christen offenbarten, enthaupten. Es sollen zusammen etwa 200 Soldaten gewesen sein. Ihre leblosen Körper wurden den Hunden zum Fraß vorgeworfen. Schließlich befahl der Kaiser, auch Katharina zu töten, um den Wundern ein Ende zu bereiten.

Man führte die Heilige zur Hinrichtungsstätte, die vor der Stadt lag. Dort sprach Katharina ein letztes Gebet zu Gott und bat: „Herr, gewähre jedem deine Gnade, der mein Gedächtnis mit Andacht begeht und mich in seiner Todesstunde oder in anderen Nöten um Beistand anruft!" Da erklang eine Stimme, die sagte: „Deine Bitte sei dir gewährt. Nun aber komm, meine geliebte Braut! Die Himmelstür ist dir aufgetan!" Dann wurde Katharina enthauptet. Als der Scharfrichter mit dem Schwert zuschlug und die Heilige tötete, floss aus ihrem Leib Milch anstatt Blut. Das Todesjahr der Märtyrerin war wahrscheinlich das Jahr 306.

Der Legende nach trugen Engel Katharinas Leichnam zum Berg Sinai, wo der spätere Kaiser Justinian (um 482–565) zu Ehren der Heiligen ein Kloster – das weltbekannte Katharinenkloster – errichten ließ (um 557). Es war der Ort, „wo einst das erhabene Ereignis stattgefunden hatte, bei dem Gott durch Mose dem Volke Israel die Gesetzestafeln übergab und ihm damit eine göttliche Willenskundgebung schenkte, die aller menschlichen Verwirrung ein Ende bereitete“ (Walter Nigg).

„Das Katharinen-Heiligtum ist das bedeutendste steinerne Denkmal der Katharinen-Verehrung“, schreibt Dominik Lutz in seinem Buch „Der Gnadenaltar in Vierzehnheiligen“[19]. Das griechische Kloster in der felsigen Einsamkeit des Sinai gilt als Begräbnisstätte der Heiligen. In der der „Verklärung des Herrn“ geweihten Basilika des Klosters liegen die Gebeine Katharinas, die nach der Überlieferung um das Jahr 800 herum auf dem Sinai gefunden worden sind.

Zunächst setzte die Verehrung der heiligen Katharina im Orient ein. Dann verbreiteten vor allem die Kreuzfahrer den Kult auch im Westen. Zentren der Katharinenverehrung waren hier im 11. Jahrhundert zunächst die Benediktinerklöster Monte Cassino und St. Gallen. Dann gelangten wertvolle Reliquien nach Frankreich (z. B. nach Rouen) und schließlich entstanden in Deutschland neue Verehrungszentren (1125 in Zwickau, 1128 in Xanten). Ritter und Adlige erwählten die Märtyrerin aus dem fernen Ägypten zu ihrer Patronin.

Seit dem 13. Jahrhundert war Katharina nach der Gottesmutter Maria die Heilige, die unter den weiblichen Heiligengestalten am meisten verehrt wurde – und das von Menschen aus dem einfachen bäuerlichen Stand ebenso wie aus der Schicht der Gelehrten. Ein Grund für die weite Verbreitung ihrer Verehrung ist wohl in dem Gebet vor ihrem Tod zu suchen, in welchem sie bei Gott für alle Fürsprache einlegte, die künftig ihren Namen anrufen, und das Gott sichtbar erhörte.

Seit dem 14. Jahrhundert wird Katharina der Gruppe der heiligen Vierzehn Nothelfer zugerechnet. Zusammen mit der heiligen Barbara (Gedenktag: 4. Dezember) und der heiligen Margareta (Gedenktag: 20. Juli) gehört sie zu den „drei heiligen Jungfrauen“ bzw. den „drei heiligen Madln“ (Bauernpatroninnen), worauf ein alter Volksspruch mit den Worten hinweist:

„Margareta mit dem Wurm,
Barbara mit dem Turm,
Katharina mit dem Radl,
das sind die drei heiligen Madl."

Zu der Dreiergruppe wird seit alters her noch die heilige Dorothea (Gedenktag: 6. Februar) hinzugerechnet. Sie soll während der Christenverfolgung unter Kaiser Diokletian (zusammen mit den Schwestern Chrysta und Callista und dem Advokaten Theophilus) um 305 nach vielen Qualen mit dem Schwert hingerichtet worden sein. Die vier Heiligen bilden zusammen die „quattuor virgines capitales", die vier besonders heiligen Jungfrauen.

Auffallend groß und vielfältig – fast unüberschaubar – sind die Patronate der heiligen Katharina. Sie lassen sich zum großen Teil aus der Legende herleiten. Gerade die Vielzahl der Patronate macht deutlich, wie sehr die Heilige das christliche Denken beschäftigt und die christliche Frömmigkeit zahlreicher Menschen beeinflusst und angeregt hat. In einem Nothelferlied aus der Barockzeit, das heute noch gesungen wird, wird Katharina um den Erhalt des rechten Glaubens in der Kirche mit folgenden Worten gebeten:

„Katharina, schütz die Ehre
unsrer wahren Glaubenslehre,
welche Jesus uns gebracht.
Bitt Gott, dass er die alte
Kirch' auf festem Grund erhalte,
schütze sie mit deiner Macht!"

Katharinas Gelehrsamkeit und Beredtheit haben der Heiligen all jene Patronate eingebracht, die mit Lernen und Lehren sowie mit den philosophischen und theologischen Wissenschaften zu tun haben. Auch ihre Patronate für die Bibliotheken, für die akademischen Berufsgruppen der Anwälte und Notare sowie für die Buchbinder und Buchdrucker stehen im Zusammenhang mit ihrer außergewöhnlichen Intelligenz, Klugheit und Belesenheit.

Fast alle handwerklichen Berufe, die sich auf Katharina berufen und sie zur Schutzpatronin erwählt haben, haben in ihrem Beruf mit einem Rad oder einer Walze zu tun. Dazu gehören die Fuhrleute, Spinner, Seiler und Wagner ebenso wie die Schiffer mit ihrer Ankerwinde. Das Patronat für Gerber und Schuhmacher, für Chirurgen und Barbiere – deren Beruf sich allerdings früher deckte –, für Spinnerinnen und Näherinnen erinnert an die Nägel, Messer und Sägeblätter, mit denen Katharinas Folterräder auf Befehl des Kaisers bestückt wurden. In Frankreich werden die Näherinnen der großen Pariser Modehäuser bis heute nach Katharina „Cathérinettes" genannt. Die Heilige „könnte auch heute für die vielen, die sich wie ‚gerädert' fühlen, Nothelferin sein" (Dominik Lutz).

Aber auch bei zahlreichen Krankheiten – und in anderen Anliegen – wurde die heilige Katharina als Helferin und Beschützerin angerufen. Weil sie mit dem Schwert enthauptet wurde, sollte sie bei Kopfschmerzen (Migräne) helfen, wegen ihrer „guten Zunge", die ihr in der Diskussion mit den Philosophen und Gelehrten geholfen hatte, bei Zungenleiden. Stotterer und selbst Stumme hofften, durch ihre Fürbitte geheilt zu werden.

Weil der Legende nach aus Katharinas Gebeinen auf dem Berg Sinai ständig Öl floss, galt so genanntes „Katharinenöl" als heilkräftiges Mittel gegen Gliederschmerzen, Pest, Gicht und viele andere Leiden. Ein kleines Fläschchen mit heilkräftigem Öl befindet sich seit der Mitte des 14. Jahrhunderts im Welfenschatz zu Braunschweig. Weil bei ihrem Martyrium Milch statt Blut aus ihrer Halswunde geflossen sein soll, wurde Katharina auch zur Patronin der Ammen. Schwangere riefen die Heilige in der Stunde der Niederkunft an, stillende Mütter baten bei Milchlosigkeit um ihre Hilfe. Und in Schlesien galt sie innerhalb der Vierzehn Nothelfer als besondere Helferin in der Stunde des Todes.

Die Verehrung der heiligen Katharina hat im Laufe der Jahrhunderte – bis zum heutigen Tage – immer wieder auf vielfache Weise ihren Niederschlag gefunden. Zahlreiche Kirchen, Kapellen und Spitäler wurden ihr geweiht und erhielten den Titel „St. Katharinen“. Nonnen erhielten bei der Einkleidung ihren Namen. Ihr Leben nach der Legende kam zahllose Male in der Dichtung und in der Kunst zur Darstellung. Selbst der Mondkrater Catharina soll nach der Heiligen aus Alexandrien benannt worden sein.

Bis heute ist Katharina weltweit einer der häufigsten weiblichen Vornamen in der Christenheit. Dazu zählen auch die zahlreichen von Katharina abgeleiteten Kurz- und Nebenformen wie Käthe, Käthchen, Kathi (Kati), Kitty, Karin, Katja, Katherl, Trine u. a., auf die deutsche Eltern gerne als Vornamen ihrer Kinder zurückgreifen.

Die heilige Katharina ist die Schutzpatronin des südschweizerischen Kantons Wallis und seiner Hauptstadt Sitten (Sion) sowie der Städte Steinau an der Straße, Fribourg, Freistadt (Oberösterreich), Kuldīga (Lettland) und Działdowo (Polen). Ihr Bildnis befindet sich auch in den Stadtwappen der genannten Orte.

Mehrere Universitäten haben Sankt Katharina zu ihrer Schutzheiligen erklärt. In Frankreich ist es zum Beispiel die Pariser Universität, in Deutschland die Katholische Universität Eichstätt. Nach dem Vorbild dieser Universitäten haben auch Hochschulen wie Heidelberg, Wittenberg und Tübingen das Bildnis der Heiligen in das amtliche Siegel aufgenommen und beglaubigen damit wichtige Dokumente.

Den Festtag der heiligen Katharina begehen sowohl die katholischen als auch die evangelischen, anglikanischen und orthodoxen Christen am 25. November. Zwar wurde der Gedenktag der Heiligen im Jahr 1969 aus dem Allgemeinen Römischen Kalender gestrichen, aber im Martyrium Romanum 2004, dem römischen Verzeichnis der Menschen, die als Blutzeugen für Jesus Christus ihr Leben hingegeben haben, wird Sankt Katharina am 25. November sehr wohl an erster Stelle aufgeführt.

Gelegentlich wird Katharina von Alexandrien mit der heiligen Katharina von Siena (1347–1380), deren Gedenktag die Kirche am 29. April feiert, verwechselt. Diese Verwechslung geschieht deswegen leicht, weil die Heilige aus Siena ebenfalls wie die Heilige aus Alexandrien eine sehr kluge Frau und eine gottgeweihte Jungfrau war. Katharina von Siena, eine Dominikaner-Tertiarin, ist seit 1939 zusammen mit Franz von Assisi die Hauptpatronin Italiens und seit 1970 Kirchenlehrerin.

Eine gewisse Ähnlichkeit hat Katharina von Alexandrien mit einer heidnischen Philosophin: Hypathia von Alexandria. Diese wurde im Jahr 415 von fanatischen Mönchen gelyncht und galt wie Katharina als sehr schön und höchst gebildet. Ihr Lehrer, Bischof Synesius, bezeichnet sie in einer Epistel als „Mutter, Schwester, Lehrerin und Wohltäterin" (Mirca Eliade). Es ist denkbar, so sagen einige Historiker und Theologen, dass die Philosophin Hypathia als historisches Vorbild für die Katharinenlegende gedient haben kann.

Zahlreich und vielfältig sind die bildlichen Darstellungen der heiligen Katharina. Besonders im 15. und beginnenden 16. Jahrhundert entstand – parallel zu den auffallend zahlreichen Patronaten – eine kaum zu überschauende Zahl an Gemälden und Skulpturen. Die älteste Darstellung der Heiligen in der Kirche S. Lorenzo fuori le Mura in Rom entstand um das Jahr 735.

Die meisten bildlichen Darstellungen zeigen Katharina als Königstochter mit den Attributen Krone, Kreuz, Palme, Buch, Schwert, (zerbrochenes) Rad oder Ring. Rad und Schwert sind Zeichen ihres Martyriums, die Krone steht für ihren Sieg über das Fleisch. Das Buch weist auf Katharinas Gelehrsamkeit hin, der Ring auf ihre mystische Vermählung mit Jesus. Die Palme ist der Lohn für das Martyrium der Heiligen.

Einige Darstellungen zeigen Katharina mit den beiden anderen „heiligen Madln“, also mit Margareta und Barbara, wovon oben bereits die Rede war. Auf anderen Darstellungen sehen wir die Heilige als Einzelfigur, wie sie ihren Fuß auf antike römische Götter oder auf Kaiser Maxentius setzt. Auch Katharinas Disputation mit den Philosophen und Gelehrten, ihr Martyrium (mit dem zerbrochenen Rad bzw. mit den Henkern, die sie enthaupten) oder die Übertragung der toten Märtyrerin durch Engel von Alexandrien auf den Gipfel des Sinai sind beliebte Motive in der Kunst.

Es ist hier nicht möglich, auf die zahlreichen künstlerischen Darstellungen der heiligen Katharina im Einzelnen einzugehen. Dazu gibt es andere Veröffentlichungen, die dies – mehr oder weniger – ausführlich tun. Hier sollen nur einige Beispiele für viele stehen: Eine Holzskulptur von Hans Witten (um 1515) zeigt die Märtyrerin mit Kaiser Maxentius zu Füßen, dem sie als frisch getaufte Christin erklärt hatte, dass die Heidengötter „Abgötter" seien; die Skulptur befindet sich im Bayerischen Nationalmuseum München. Mit einer Palme und einem kleinen Rad ist Katharina in einer Steinskulptur, die um 1250 entstanden ist, am Münsterturm in Freiburg/Breisgau zu sehen.

Mit Rad, Palme und dem Schwert als Degen malte der italienische Barockmaler Michelangelo da Caravaggio (1573–1610) die Märtyrerin aus Alexandrien (Sammlung Thyssen, Lugano). Von den häufigen Darstellungen des Martyriums der Heiligen sei vor allem auf ein Retabel (Altaraufsatz) des deutschen Malers Lucas Cranach dem Älteren (1472–1553) in der Gemäldegalerie Dresden hingewiesen, das im Jahr 1506 entstanden ist. Herauszuheben ist auch ein Gemälde von Giovanni da Milano mit dem Titel „Enthauptung der hl. Katharina“ (um 1350) in der Galleria Comunale in Prato (Toskana).

Seit dem 13. Jahrhundert ist die heilige Katharina nach der Gottesmutter Maria die meistverehrte weibliche Heilige in der West- und Ostkirche. So ist es nicht verwunderlich, dass sich im Laufe der Zeit mit der Feier ihres Namens am 25. November zahlreiche weltliche und religiöse Bräuche entwickelt haben. Viele Bräuche sind uns aus früherer Zeit überliefert. Andere haben sich bis zum heutigen Tage erhalten und zeugen von der hohen Wertschätzung, die der heiligen Märtyrerin aus Alexandrien vielerorts – besonders im bäuerlichen Leben – entgegengebracht wird.

Am „Kathreinfest" endete früher die Weidezeit, auf den Höfen begann man mit der Schafschur, die Bienenstöcke wurden eingeholt und für die Bäuerinnen begann die Zeit des Spinnens. Die Zeit des Winters stand bevor, weshalb es hieß: „Kathrei tuat d'Henna und d'Schaf rei" („Katharina tut Hennen und Schafe rein") oder: „St. Katharina kommt weißgekleidet." Mägde und Knechte erhielten an „Kathrein" ihren Lohn und konnten ihre Stelle wechseln. Und am Abend ging es traditionellerweise zum „Kathreinstanz", einem der Höhepunkte des Jahres.

Der „Kathreinstanz" war die letzte Tanzmöglichkeit vor Weihnachten. Denn ab dem Katharinentag begann mit der unmittelbar bevorstehenden Adventszeit eine kirchlich geschlossene Zeit mit Tanzverbot, die bis zur Fastnacht ging. Eine Redensart bezieht sich auf dieses Gegebenheit: „Sankt Kathrein / stellt das Tanzen ein." In einigen bayerischen Landgemeinden gibt es auch heute noch so genannte „Katharinen-Tanzabende". Mit dem 25. November werden dann, wie es im Bayerischen heißt, „die Dearndln in Rauch gehängt" (übersetzt: „die Dirndlkleider in den Schrank gehängt").

Überhaupt war der Katharinentag früher weithin ein Feiertag. Er brachte Arbeitsverbote mit sich, vor allem solche, die das Rad betrafen. So durften zum Beispiel die Wagen nicht rollen und die Mühlräder mussten stillstehen. Kein Rad durfte an diesem Tag bewegt werden: „Sankt Kathrein / stellt Räder und Geigen (Tanz) ein." Und auch dies ist uns überliefert: Wegen des Fastencharakters der Adventszeit war der Katharinentag in früherer Zeit für junge Paare die letzte Gelegenheit, im ablaufenden Jahr zu heiraten. Deshalb hieß ein Spruch in Bayern: „Kathrei springt ma na no schnell ein", was so viel heißt wie: „An Katharina springt man noch mal schnell rein (in die Ehe)."

Am Tag der heiligen Katharina fanden bzw. finden vielerorts Märkte und Jahrmärkte – kurz „Katharinenmärkte" – statt. Jürgen Küster berichtet darüber in seinem Taschenbuch „Heiligenfeste im Brauch": „Im Kanton Luzern haben sich verschiedenenorts im Anschluss an den Schwellentermin vor Beginn der Adventszeit Katharinenmärkte ausgebildet, die man heute am 25. November bzw. in der letzten Novemberwoche durchführt. In Ebersecken bei Altishofen etwa ist am 25.11. allgemein Tanz, in Beromünster findet ein Jahrmarkt statt, und auch in Willisau gibt es einen besonderen Katharinenmarkt."[20] Im Bayerischen wird am Katharinentag mancherorts ein besonderes (radförmiges) Gebäck angeboten, „Kitzernudel" genannt.

Zum Schluss seien noch einige Wetterregeln genannt, die sich auf den Gedenktag der heiligen Katharina beziehen und sich über Jahrhunderte bis zum heutigen Tage erhalten haben:

„Wie das Wetter an Kathrein,
wird es den ganzen Winter sein."

„Ist an Kathrein das Wetter matt,
kommt im Frühjahr spät das grüne Blatt."

„Schafft Katharina vor Frost sich Schutz,
watet man draußen lange im Schmutz."

Margareta

Wie bei fast allen Vierzehn Nothelfern kennen wir über die heilige Märtyrerin Margareta nur wenig historisch Verbürgtes. Fast alles, was wir wissen, entstammt der Legende, die uns in verschiedenen, voneinander abweichenden Formen vorliegt. Dennoch – oder vielleicht auch gerade deswegen – ist die Nothelferin zu einer der bekanntesten und beliebtesten Heiligengestalten im gläubigen Volk geworden. Sie genießt vielerorts eine überaus große Wertschätzung und Verehrung.

Margareta – griechisch-lateinisch „die Perle" – wurde nach der Legende zur Zeit Kaiser Diokletians (ca. 240–313) in der zweiten Hälfte des 3. Jahrhunderts als Tochter eines heidnischen Priesters zu Antiochia in Pisidien (südliche Türkei) geboren. Die Pflege und Erziehung des Mädchens lag in den Händen einer Magd (Amme), die eine überzeugte Christin war. Sie erzog das Mädchen – ohne Wissen des Vaters – im christlichen Glauben und ließ es heimlich von einem Priester taufen.

Als der Vater nach Jahren erfuhr, dass sein Kind den Glauben an Jesus Christus angenommen hatte, packte ihn der Zorn. Bisher hatte er Margareta immer zärtlich geliebt, aber jetzt war er so erbost, dass er „sie zu hassen begann". Weil das Mädchen von seiner christlichen Einstellung nicht lassen wollte, verstieß es der Vater und machte es zur Schweinehirtin.

Im Alter von vierzehn Jahren fiel Margareta, als sie das Vieh hütete, dem heidnischen Statthalter von Antiochien, Olibrius, auf. Er war so beeindruckt von ihrer außerordentlichen Schönheit, dass er sie für sich haben wollte. Sie sollte, wenn sie von edler Geburt war, seine Frau werden, andernfalls seine Konkubine. Margareta legte ihm daraufhin ihre edle Herkunft und ihren christlichen Glauben offen. Seine Werbung wies sie entschieden ab.

Olibrius versuchte mit vielen Schmeicheleien, Margareta vom christlichen Glauben abzubringen und das junge Mädchen für sich zu gewinnen. Doch Margareta ließ sich nicht umstimmen und erklärte dem Statthalter, dass sie ihr Leben ihrem himmlischen Bräutigam Jesus Christus versprochen und geweiht habe. Mutig und tapfer sagte sie ihm ins Gesicht: „Darfst du wohl verlangen, dass ich den Himmel aufgebe und dafür den Staub der Erde wähle?"

Der Statthalter fühlte sich gedemütigt. Er erkannte, dass er bei Margareta im Guten nichts erreichen konnte. Deshalb verurteilte er sie zu grausamen Folterungen: Margareta wurde gegeißelt und ihr Körper mit gekrümmten Nägeln und Kämmen zerfleischt, „dass das Blut wie aus einer Quelle von ihr rann". Darauf wurde sie in den Kerker geworfen.

In der Nacht erschien der Gefangenen im Kerker der böse Feind (Teufel) in Gestalt eines großen Drachens. Dieser ging auf sie los, riss seinen feurigen Rachen auf und wollte die Märtyrerin verschlingen. Darauf machte Margareta das Kreuzzeichen über ihn und das Ungeheuer verschwand wieder. Außerdem ließ Gott sie in der Nacht von allen schweren Verwundungen, die ihr durch die Folter zugefügt worden waren, genesen.

Am anderen Tage wurde Margareta wieder vor den Statthalter geführt. Er war überrascht, dass Margaretas Wunden auf wunderbare Weise über Nacht geheilt waren, und hielt alles für Zauber und Spuk. In seiner Wut ließ er Margareta auf glühenden Eisenplatten rösten und sie danach – an Füßen und Händen gefesselt – in ein Fass mit eisigem Wasser werfen. Margareta überstand alle Qualen im Glauben an ihren himmlischen Bräutigam. Dem Statthalter sagte sie: „Du hast Gewalt über meinen Leib, aber meine Seele gehört Christus."

Darauf kannte der Zorn des Statthalters keine Grenzen mehr. Er ordnete an, Margareta mit dem Schwert zu enthaupten. Vor ihrem Tod betete die junge Christin noch für ihre Verfolger, für alle Hilfesuchenden (die sich in Zukunft an sie wenden würden) und besonders für alle Schwangeren und Gebärenden. Dann gab sie ihrem Henker den Befehl: „Bruder, nimm dein Schwert und schlage mich!“ Das Todesjahr der Märtyrerin war um das Jahr 307.

Die Verehrung der heiligen Margareta setzte im Abendland im 7. Jahrhundert ein. Volkstümlich wurde der Kult jedoch erst zur Zeit der Kreuzzüge im 12. Jahrhundert – nachhaltig gefördert durch den Zisterzienserorden – und erreichte seinen Höhepunkt im späteren Mittelalter, als die Heilige in die Schar der Vierzehn Nothelfer aufgenommen wurde. Das Gedächtnis ihres Festes ist in der abendländischen Kirche seit dem 12. Jahrhundert am 20. Juli verzeichnet, in der griechischen, wo sie Marina genannt wird, seit alters her am 13. Juli.

Margareta gilt – zusammen mit Barbara (4. Dezember) und Katharina (25. November) – als eine der mächtigsten Fürbitterinnen unter den Nothelfern. Weil sie im Gefängnis den Drachen (Teufel) besiegte, wird die Märtyrerin vom gläubigen Volk gern als Helferin im Kampf gegen das Böse angerufen. So heißt es in einem alten Wallfahrerlied aus dem Umkreis Fulda (1726):

„O Margareta, Patronin mein,
lass dein Kind dir befohlen seyn.
Du hast gebunden hart den Feind,
bitt, dass wir sicher vor ihm seynd!“

Auch ein überliefertes Nothelferlied aus der Barockzeit schreibt der Heiligen Macht über den höllischen Drachen – den bösen Feind – zu, den sie mit dem Kreuz in der Hand im Kerker überwunden hat:

„Margareta, schließ den Rachen
dem erbosten Höllendrachen
vor'm Gerichte Gottes zu.
Mit dem Kreuze deck die Sünden,

lasse dort uns Gnaden finden
und den Kläger weis zur Ruh."

Seit dem Mittelalter wurden der heiligen Margareta zahlreiche Patronate zugedacht. Besonders die Landleute erwählten die Heilige zu ihrer Schutzheiligen und Helferin. Ihr Fest am 20. Juli war für sie ein wichtiger Merk- und Lostag: War das Wetter zuvor gut, begann man an diesem Tag mit der Ernte. Außerdem war für die Bauern, die Felder als Lehen oder Pacht hatten, der Margaretentag der Tag der fälligen Pacht- und Getreidezinsen (wie im „Sachsenspiegel" des ostsächsischen Ritters Eike von Repgow geschrieben steht). Zahlreiche Bauernregeln erinnern uns bis heute an die heilige Margareta als „Wetterheilige":

„Regen am Margaretentag
bringt viel Klag."

„Hat Margret keinen Sonnenschein,
dann kommt das Heu nie trocken rein."

„Margaret bringt heiße Glut,
so gerät der September gut."

Besondere Verehrung fand die heilige Margareta bei Schwangeren und Gebärenden, für die sie unmittelbar vor ihrem Martertod gebetet hatte. Vor allem in Geburtsnöten und bei Unfruchtbarkeit wurde die Heilige als Fürsprecherin und Helferin angerufen. „Schwer Gebärenden", schreibt Winfried Hofmann, „wurden so genannte Margaretengürtel umgelegt und man opferte Kerzen, die das Maß des Leibesumfangs der Gebärenden hatten."[21] Auch bei Wunden, Gesichtskrankheiten und zum Schutz „gegen Unholde aus der Tiefe des Wassers" wurde die Märtyrerin um Hilfe angefleht.

In Deutschland, England, Italien, Frankreich und Spanien wurden viele Orte nach der heiligen Margareta benannt.

Zahlreiche Kirchen und Kapellen wunden zu Ehren der Heiligen erbaut. Die berühmteste Kirche ist der Dom S. Margherita in Montefiascona bei Bolsena nördlich von Rom, den Michele Sanmicheli im Jahre 1519 errichtete. In diesem Gotteshaus mit der weithin sichtbaren Kuppel werden Reliquien der Märtyrerin aus Pisidien aufbewahrt und verehrt.

Viele bedeutende heilige und selige Frauen tragen den Namen der heiligen Margareta. Zu ihnen gehören zum Beispiel Margareta von Cortona (1247–1297), Margarete von Schottland (1046–1093) oder Margareta Maria Alacoque (1647–1690). Margaretas Name zählt seit Langem zu den beliebtesten und verbreitetsten weiblichen Vornamen – einschließlich seiner Neben- und Kurzformen: Margret, Margot, Marga, Gitta oder kurz Gretl.

Auch in Dichtung und Märchen hat der Name der heiligen Margareta Eingang gefunden. So erinnert das „Gretchen" in Goethes Faust ebenso wie „Gretel" im deutschen Märchen „Hänsel und Gretel" der Brüder Grimm an die Heilige aus dem Osten. Selbst in manche Pflanzenbezeichnung ist der Name der Heiligen eingegangen. Die bekannteste Pflanze ist die „Margerite", eine Wiesen- und Wucherblume mit gelben Scheiben- und weißen Zungenblüten.

Es gibt kaum einen großen Künstler, den die Darstellung der heiligen Jungfrau und Märtyrerin Margareta nicht angeregt hätte. Meist wird die Heilige mit dem Drachen dargestellt, den sie mit dem Kreuz besiegt und der ihr zu Füßen liegt. Manche Darstellungen zeigen sie reich gekleidet als Königstochter (die der heilige Georg in seinem Kampf mit dem Drachen befreit hat?) mit Perlendiadem (als Zeichen der Reinheit), mit Fackel und Kamm (ihren Marterwerkzeugen), mit einem Engel, der ihr Palme und Siegeskrone reicht, oder zusammen mit Barbara und Katharina als den so genannten „heiligen drei Madl".

Von den zahlreichen künstlerischen Darstellungen seien hier nur einige bekannte Gemälde genannt: Raffael („Hl. Margareta") im Künsthistorischen Museum in Wien (Anfang

16. Jh.), Francisco de Zurbarán („Hl. Margareta von Antiochien“) in der National Gallery in London (1630–1634), Pellegrino Tibaldi („Hl. Margareta“) in der Pinacoteca Castello Sforzesco in Mailand (1556–1561) und Ludovico Carracci („Martyrium der hl. Margareta“) in der Kirche San Mauricio in Mantua (1616).

Pantaleon

Er ist der Schutzpatron der Stadt Köln, gilt als ein besonderer Fürsprecher der Ärzte, Hebammen und Kranken und wird auf Bildern meist als Jüngling mit auf den Kopf genagelten Händen dargestellt. Die Legende erzählt von ihm viele gute Taten und wunderbare Heilungen. Sein Name bedeutet im Griechischen „der mit allen Mitleidige, der Allerbarmer". Die Rede ist von dem heiligen Märtyrer und Nothelfer Pantaleon.

Der Heilige wurde in der zweiten Hälfte des 3. Jahrhunderts in Nikomedien (heute Izmit am Marmarameer in der Türkei) geboren. Sein Vater, ein angesehener Senator, war ein Heide, seine Mutter eine strenggläubige Christin. Die Mutter erzählte ihrem Sohn schon frühzeitig von Jesus Christus und bemühte sich, den christlichen Glauben in seinem Herzen grundzulegen. Allerdings starb sie sehr früh, sodass der Vater wieder mehr Einfluss auf den Jungen nahm und ihn ganz im Sinne des Heidentums erzog.

Als junger Mann hatte Pantaleon großes Interesse an allen Dingen, die mit der Heilkunde zu tun hatten. Da er sehr talentiert war, ließ ihn der Vater Medizin und Arzneikunde studieren. So wurde Pantaleon Arzt und entwickelte schon bald außergewöhnliche Heilkräfte. Seine großen medizinischen Erfolge blieben auch dem römischen Kaiser Maximian nicht verborgen, der den jungen Mann aus Nikomedien zu seinem Leibarzt machte.

Zu dieser Zeit lebte auch ein seeleneifriger Priester mit Namen Hermolaus. Er kannte das Lebensschicksal des tüchtigen Arztes Pantaleon und suchte ihn wieder von der Wahrheit des Christentums, die die Mutter in ihm grundgelegt hatte, zu überzeugen. Pantaleon ließ sich von dem Priester im christlichen Glauben unterrichten und empfing von ihm die Taufe. Ab jetzt wirkte er nicht nur als angesehener Arzt, sondern führte auch das Leben eines frommen, hilfsbereiten und eifrigen Christen.

Die Legende erzählt, dass Pantaleon als Arzt und Christ viele wunderbare Heilungen wirkte. So gab er einem Kind, das von einer giftigen Schlange gebissen wurde und bereits tot war, das Leben zurück. Und ein blinder Mann wurde, als er ihm die Hände auflegte und dabei den Namen Jesu anrief, wieder sehend. Als Pantaleons alter Vater diese Wunder erlebte, gab er seinen Glauben an die heidnischen Götter auf und bekehrte sich – zur großen Freude seines Sohnes – zum Christentum.

Nach dem Tod seines Vaters erbte Pantaleon dessen großes Haus und alle seine Besitzungen. Doch das reiche Vermögen verwandte der Arzt nicht für sich selbst, sondern teilte es bis auf den letzten Rest unter die Armen und Bedürftigen der Stadt aus.

Seine ärztliche Kunst und seine Wunderheilungen machten Pantaleon im ganzen Land berühmt. Überall genoss der Leibarzt des Kaisers größtes Vertrauen und Ansehen. Doch dann geschah es, dass auf Veranlassung Kaiser Diokletians im ganzen Römischen Reich eine große Christenverfolgung ausbrach und schon bald auch in Nikomedien die Christen verfolgt wurden. Die heidnischen Berufskollegen Pantaleons, die schon lange mit Neid auf seine Erfolge gesehen hatten, sahen jetzt eine Gelegenheit, ihn wegen seines Übertritts zum christlichen Glauben beim Kaiser anzuklagen.

Kaiser Maximian ließ seinen Leibarzt zu sich kommen und verlangte von ihm, vor einer heidnischen Götterstatue ein Opfer darzubringen. Pantaleon weigerte sich und sagte dem Kaiser, dass er von ganzem Herzen ein Christ sei und dies niemals tun könne. „Lieber sollen meine Hände verdorren, als dass ich sie zum Schwur der heidnischen Götter erhebe", soll Pantaleon nach der Legende bekannt haben.

Daraufhin wurde Pantaleon in den Kerker geworfen und grausam gefoltert. Man riss seine Glieder auseinander, brannte seinen Körper mit Fackeln und warf ihn in einen großen Kessel, in dem geschmolzenes Blei war. Doch Pantaleon blieb standhaft und überstand mit Gottes Hilfe unbeschadet alle Qualen. „Es wird dir um dieser Leiden wegen die ewige Freude gegeben", soll Gott – so die Legende – im Kerker zu ihm gesagt haben.

Da sich Pantaleon weiterhin weigerte, seinem Glauben abzuschwören, führte man ihn vor die Stadt. Er wurde mit über den Kopf genagelten Händen an einen knorrigen Ölbaum gebunden und mit Dornen gegeißelt, sodass sein Blut in Strömen floss. „Gott ehrte den Erzmärtyrer wiederum mit einem schönen Zeichen. Wo sein Blut hintropfte, ward alles grün und schön. Der dürre Baum begann zu blühen und Frucht zu tragen. Viel Volk ließ sich da taufen."

Schließlich schlug ihm der Henker mit einem Schwert den Kopf ab. Zuvor soll Pantaleon noch für seine Peiniger zu Gott um Verzeihung gebetet haben. Darauf geht sein Name „Panteleimon" (der ganz Mitleidige, der Allbarmherzige) zurück. Das Todesjahr des Märtyrers soll um 305 gewesen sein.

In der Ostkirche gehört Pantaleon seit dem 4. Jahrhundert zu den „Großmärtyrern" und „Wundertätern". Wie die heiligen Ärzte Kosmas und Damian (Festtag: 26. September) zählt er zu den „Hagioi anargyroi", den unentgeltlich Helfenden. Im Jahr 550 ließ Kaiser Justinian I. (527–565) in Konstantinopel, dem heutigen Istanbul, eine Kirche zu Ehren des Heiligen errichten. Von dort aus verbreitete sich der Kult des Heiligen über ganz Europa. So gab es in Rom schon sehr früh vier dem heiligen Pantaleon geweihte und nach ihm benannte Kirchen.

Im 9. Jahrhundert wurde das Fest des heiligen Pantaleon am 27. Juli in den römischen Kalender aufgenommen. Seit dem Mittelalter zählt er zum Kreis der Vierzehn Nothelfer und wird vom gläubigen Volk vor allem in Zeiten der Krankheit, besonders bei Kopfweh und Kopfleiden, angerufen. So heißt es etwa in einem alten Nothelferruf:

„Großer Arzt, dem manche Kranken
schuldig sind, ihm wohl zu danken,

heiliger Pantaleon!
Wirft uns eine Krankheit nieder,
hilf uns zur Genesung wieder,
bitt darum vor Gottes Thron!“

In einem überlieferten Lied zu den heiligen Vierzehn Nothelfern wird der heilige Pantaleon, der u. a. der Patron der Ärzte, Ammen und Hebammen ist, wie folgt um Hilfe und Fürsprache angerufen:

„O heil'ger Arzt Pantaleon,
tritt ein für uns an Gottes Thron.
Durch deine Hilf werd' uns zuteil
des Leibes und der Seele Heil.“

Es gibt zahlreiche dem heiligen Pantaleon geweihte Kirchen, Klöster und Kapellen. In Köln, zu dessen Schutzheiligen der Märtyrer gehört, erbaute im 10. Jahrhundert Erzbischof Bruno (954–965) die Kirche St. Pantaleon (die u. a. das Grab der aus Byzanz stammenden Kaiserin Theophanu enthält). Hier werden Reliquien Pantaleons verehrt, die der Kölner Erzbischof Gero 871 von Konstantinopel nach Köln gebracht hatte. Weitere Pantaleonskirchen stehen u. a. in Unkel am Rhein, Münster, Erp und in Lüttlingen. Die Reliquie seines abgeschlagenen Kopfes soll sich seit 807 in Lyon (Frankreich) befinden.

In mehreren Kirchen werden Glasgefäße, so genannte Pantaleonsampullen, aufbewahrt und verehrt, zum Beispiel in Venedig, Rom, Paris, Neapel, Bari und Madrid. Sie enthalten angeblich das Blut des christlichen Arztes und Märtyrers, das sich an seinem Festtag am 27. Juli – so etwa im Konvent der Augustinerinnen in Madrid – verflüssigt und aufwallt. Dieses „Pantaleonwunder“ erinnert an das „Blutwunder des heiligen Januarius“, das in jedem Jahr am 19. September in Neapel stattfindet und für das es bis heute keine natürliche Erklärung gibt.

Dass Pantaleon in einigen Gegenden besonders verehrt wird, zeigen auch verschiedene Wallfahrten, die in Erinnerung an den Heiligen in jedem Jahr stattfinden, so etwa in St. Pantaleon im oberösterreichischen Innviertel, in Oberrotweil am Kaiserstuhl oder in Wilflingen bei Säckingen. In Oberrotweil gibt es jährlich am Sonntag nahe des 27. Juli eine Prozession mit Pferden. Sie soll schon vor dem 17. Jahrhundert (spätestens seit 1735) existiert haben. Außerdem sind aus Oberrotweil zahlreiche Heilungen überliefert, die sich hier auf Fürbitte des Heiligen ereignet haben sollen.

Landleute und Bauern haben in der Vergangenheit den heiligen Pantaleon oft als Helfer bei Krankheiten ihrer Haustiere, besonders bei Viehseuchen, angerufen. Außerdem denken sie an den Heiligen in einigen überlieferten Wetterregeln, wenn es zum Beispiel heißt:

„Pantaleon warm und trocken,
macht den Bauern frohlocken."

„Pantaleons Regen
bringt keinen Segen."

Darstellungen zeigen den heiligen Märtyrer und Nothelfer in vornehmer bürgerlicher Kleidung, mit Arzneifläschchen und Salbgefäßen oder mit beiden Händen über dem Kopf an einen Ölbaum gebunden. Das älteste Bild von Pantaleon stammt aus dem Jahr 708 und befindet sich in der altchristlichen Kirche S. Maria Antiqua auf dem Forum Romanum in Rom. Es zeigt den Heiligen zusammen mit mehreren römischen Märtyrern.

In der Kirche S. Pantaleo in Venedig ist der heilige Märtyrer auf einem Gemälde des venezianischen Malers Paolo Veronese (1528–1588) aus dem Jahr 1587 abgebildet, wie er ein Kind heilt. Die Wallfahrtskirche Vierzehnheiligen nahe Bamberg (Oberfranken) zeigt Pantaleons Martyrium: wie er seine Hände auf dem Kopf trägt, die mit einem Nagel befestigt sind.

Ein abschließendes Gebet zum Nothelfer Pantaleon aus dem „Andachtsbüchlein zu Ehren der heiligen Vierzehn Nothelfer" bittet den Heiligen um Fürsprache und Hilfe bei körperlichen und seelischen Krankheiten und lädt Gesunde wie Kranke zum Mitbeten ein:

„Heiliger Arzt Pantaleon! Du hast dich der ärmsten und verlassensten Kranken angenommen, ihnen die Gesundheit des Leibes wiederhergestellt, aber auch in heilbringender Weise auf ihre Seele eingewirkt. Erflehe auch uns die körperliche und seelische Gesundheit, damit wir die Aufgabe unseres Berufes erfüllen können. Sollte jedoch der Wille Gottes das Kreuz der Krankheit für uns bestimmt haben, dann stärke uns, dass wir es tapfer und geduldig tragen!"[22]

Vitus

Unter den Vierzehn Nothelfern ist auch ein Kinderheiliger: der heilige Vitus, auch Veit oder kurz Vit genannt. Er gehört zu den volkstümlichsten Heiligen der Christenheit, obwohl über den jungen Nothelfer kaum gesicherte Nachrichten vorliegen. Sein Leben und Leiden ist – wie bei fast allen Märtyrern der diokletianischen Verfolgung – unter einem dichten Rankenwerk von Legenden fast vollständig verdeckt.

Vitus – lateinisch = lebensvoll, lebenskräftig – wurde wahrscheinlich gegen Ende des 3. Jahrhunderts (um 297) als Sohn einer angesehenen Familie in Mazzara an der Südwestküste Siziliens geboren. Nach der Legende gaben die heidnischen Eltern ihn als Kind der Amme Kreszentia und deren Mann Modestus zur Erziehung. Diese waren überzeugte Christen und lehrten Vitus den Glauben an Jesus Christus. Außerdem ließen sie den Jungen – ohne Wissen der Eltern – heimlich taufen.

Als der Vater (Hylas) – ein bekannter Senator seiner Stadt – davon erfuhr, war Vitus sieben Jahre (nach anderen Quellen zwölf Jahre) alt. Er versuchte mit allen Mitteln, seinen Sohn von der christlichen Lehre abzubringen. Doch alle Bemühungen des Vaters waren vergebens. Vitus ließ sich weder durch gutes Zureden noch durch harte Strafen (wie Hausarrest und Schläge) umstimmen. Im Gegenteil: Der Junge erzählte seinem Vater immer wieder von Jesus Christus und seinen guten Taten und bemühte sich, ihn zum Abfall von seinem heidnischen Götterglauben zu bewegen.

Der Vater wusste nicht mehr ein noch aus. Als nichts – aber auch gar nichts – mehr half, zeigte er seinen Sohn als Christen beim römischen Statthalter an. Dieser ließ Vitus zu sich kommen und gab sich alle Mühe, dem Jungen den christlichen Glauben auszutreiben. Als auch er keinen

Erfolg hatte, ließ er den Jungen öffentlich mit Keulen schlagen. Den Folterknechten, die Vtus schlugen, erstarrten – so die Legende – die Arme und wurden erst auf das Gebet des Jungen hin wieder bewegungsfähig.

Darauf verließ Vitus auf Geheiß eines Engels sein Elternhaus. Mit seinen Pflegeeltern Kreszentia und Modestus floh der Junge auf einem Schiff in die Provinz Lucania nach Süditalien. Nach der Legende wurden die drei dort von einem Adler mit Nahrung (Brot) versorgt. Außerdem wird berichtet, dass Vitus in dieser Zeit allerlei Wunder wirkte.

Kaiser Diokletian (284–305), der fanatische Christenverfolger, hörte von dem Aufenthalt des jungen Vitus und seinen zwei Begleitern in Lucania. Er ließ Vitus an den kaiserlichen Hof nach Rom kommen, damit er seinen eigenen kranken Sohn von seiner Besessenheit (Epilepsie) befreie. Nachdem Vitus dies gelungen war (wie einst Cyriakus bei der Tochter), wurde er zu einem großen kaiserlichen Dankfest eingeladen. Als sich Vitus bei diesem Fest weigerte, den römischen Göttern zu opfern und seinen Glauben aufzugeben, ließ der Kaiser den Siebenjährigen in den Kerker werfen und grausam foltern.

Doch Vitus blieb stark. Darauf ließ der Kaiser in seiner Wut den Jungen mit seinen Gefährten in einen Kessel mit siedend heißem Öl werfen. Aber die drei blieben durch Gottes Hilfe unversehrt. Darauf wurden sie in der Arena den Löwen zum Fraß vorgeworfen, doch auch die wilden Tiere taten den treuen Bekennern nicht das Geringste zuleide. Nun kamen Engel, so erzählt die Legende, und brachten – während ein großes Erdbeben die Stadt verwüstete – Vitus mit seinen Glaubensfreunden zurück nach Lucania, wo er dann nach kurzer Zeit in Frieden starb.

Eine andere Überlieferung berichtet, dass der rasende Diokletian Vitus und seine Gefährten nach den auf wunderbare Weise überstandenen Folterungen enthaupten ließ. Mehrere Adler sollen darauf die Leichen der Märtyrer bewacht haben, bis eine fromme Christin – die Witwe Florentina – sie in Ehren bestattete. Als Todesdatum wird das Jahr 304 angegeben.

Vitus gehört zu den am meisten verehrten Gestalten der frühen christlichen Märtyrer. Die Tatsache, dass er als Kind ein schlimmes Martyrium durchstehen musste und wegen seines Glaubens gestorben ist, hat wohl maßgeblich dazu beigetragen, dass er einer der beliebtesten Volksheiligen geworden ist. Die Verehrung des jüngsten Märtyrers im Kreis der Vierzehn Nothelfer hat im Laufe der Jahrhunderte – bis zum heutigen Tage – immer wieder auf vielfache Weise ihren Niederschlag gefunden.

Der Gedenktag des Heiligen (Sankt-Veits-Tag) ist der 15. Juni. Dieser Tag galt im Mittelalter nach dem Julianischen Kalender als längster Tag des Jahres und als Sommersonnenwende. Deswegen hieß es im Volksmund:

„Nach St. Veit wendet sich die Zeit.
Alles geht auf die andere Seit."

Reliquien des heiligen Vitus kamen unter anderem im Jahr 756 in die Benediktinerabtei Saint-Denis in Paris und 836 in das Kloster Corvey bei Höxter an der Weser, das bald zum Mittelpunkt der Vitusverehrung wurde. Weiter gelangten Reliquien nach Mönchengladbach, Mainz, Bamberg, Augsburg, Passau, Regensburg, Salzburg, Wien und nicht zuletzt nach Prag, wo seit 929 eine Armreliquie (veranlasst durch Kaiser Heinrich II.) und seit 1355 sein Haupt (durch Kaiser Karl IV.) im berühmten St.-Veits-Dom aufbewahrt werden. Etwa 150 Orte erklären bis heute, im Besitz von Vitusreliquien als hoch begehrte Kostbarkeiten zu sein.

Unzählige Kirchen, Klöster und Kapellen – in Europa schätzungsweise 1300 – sind zu Ehren des heiligen Vitus errichtet worden und tragen seinen Namen. Bedeutende Vituskirchen in Deutschland stehen zum Beispiel in Braunschweig, Hildesheim und Nürnberg. Große Ehre genießt der Heilige als Landespatron von Niedersachsen, Sachsen, Böhmen, Pommern, Rügen und Sizilien. Zahlreiche Orte in vielen Ländern haben Vitus zu ihrem Schutzheiligen erwählt und sind nach ihm benannt.[23]

Die Vielzahl der Patronate macht deutlich, wie beliebt der heilige Vitus – besonders seit dem Mittelalter – beim gläubigen Volk ist. Er gilt als ein wunderbarer Fürsprecher und Helfer in vielerlei Nöten und Anliegen, besonders bei Krankheiten von Mensch und Tier. Dazu gehörten in früherer Zeit vor allem Besessenheit und eine Anzahl als verwandt empfundener Krankheiten, wie Fallsucht, Epilepsie, Hysterie oder der Veitstanz, denen man sich hilflos ausgeliefert fühlte. Auch als Helfer gegen Schlangenbiss, Tollwut, Augenkrankheiten und bei Unfruchtbarkeit wurde der Heilige angefleht.

Vitus ist darüber hinaus Fürsprecher in vielerlei Nöten der Landwirtschaft. Er wird von Landleuten und Bauern als Patron der Haustiere und bei Viehkrankheiten angerufen. Außerdem gilt er als Helfer bei Blitz, Feuer und Unwetter, aber auch bei Aussaat und Ernte, wenn es etwa in zwei alten Bauernregeln heißt:

„Wer sät nach Vit (15. Juni),
geht der Saat und Ernte quitt.“

„Vitus spricht: Sä Lein
oder lass es sein!“

Neben Zünften und Bruderschaften haben zahlreiche Berufsstände den heiligen Vitus als Schutzpatron erkoren, unter anderem die Kupferschmiede, Tänzer, Schauspieler, Bierbrauer, Bergleute, Gastwirte, Apotheker oder Winzer. Als Patron der Jugend wird er in einem überlieferten Nothelferlied mit diesen Worten um seinen Schutz angerufen:

„Sankt Vitus, Jungmann hochgemut,
die Jugend nimm in deine Hut!

Im Leben mög sie wahr und rein,
im Glauben treu und tapfer sein."

Ebenso zahlreich wie die Patronate sind die Darstellungen des jungen Nothelfers. Abgebildet wird der heilige Vitus meist als Kind oder Jüngling in vornehmer Kleidung oder als Schutzpatron des sächsischen Kaiserhauses im Hermelinmantel mit Krone und Reichsapfel. Seine Attribute sind häufig – etwa bis 1400 – Siegespalme und Schwert als Zeichen für sein Martyrium, manchmal auch ein Buch, das auf seine Standhaftigkeit im Glauben hinweist.

Später tritt auf Darstellungen der von Flammen umzüngelte Kessel hinzu, in dem Vitus mit Kreszentia und Modestus sein Martyrium erleidet. Manchmal trägt der Heilige den Kessel auch als kleines Attribut in der Hand. Dazu kommen weitere Attribute, die der motivreichen Legende entnommen sind: Hahn, Brot, Adler oder Stock (Knüttel). Eine Holzskulptur (um 1725) in St. Nikolaus in Mönchengladbach-Hardt zeigt den Märtyrer mit Löwe und Kirchenmodell.

Zum Schluss sei noch ein heiteres Brauchtum erwähnt: Der heilige Vitus wurde in früherer Zeit auch als Helfer bettnässender Kinder angerufen. Das lag daran, dass man das Attribut des Kessels aus seinem Martyrium auf bildlichen Darstellungen als Nachttopf missdeutete. Deswegen beteten damals die Kinder zum Schutzheiligen:

„Heiliger Sankt Vit,
weck mich zur Zit,
nit zu früh und nit zu spot,
dass es nit ins Bett nein got."

Nothelfergebete und -lieder

Ihr heiligen Nothelfer

IHR heiligen Nothelfer,
ihr treuen Nachfolger Christi,
der zum Heil aller Menschen
Todesangst, Leid und Tod
auf sich genommen hat,
wir bitten euch um Fürsprache
für die Nöte, die uns überfallen:

Ihr heiligen *Dionysius, Blasius* und *Erasmus:*
euch empfehlen wir besonders die Menschen,
die unter körperlichen Schmerzen leiden,
die Kranken, Verwundeten,
Gefolterten und Gekreuzigten.
Christus, der Mann der Schmerzen,
schenke ihnen Linderung und Bereitschaft,
sein erlösendes Todesleiden
für diese Zeit mitzutragen.

Ihr heiligen *Georg, Pantaleon* und *Vitus,*
euch empfehlen wir die Menschen,
die mit unheilbarer Krankheit
geschlagen sind –
Christus gebe ihnen die Kraft,
ihr Kreuz zu tragen und Zeugnis
für das unvergängliche Leben abzulegen.

Heiliger *Christophorus,*
auf deine Fürsprache bewahre uns Gott
vor Unfall und plötzlichem Tod ...
Auch die schlimme geistige Not

tragen wir vor euch und bitten besonders
die heiligen *Eustachius*, Ägidius,
Katharina und *Margareta* für alle,
deren Leben ausweglos verstrickt scheint,
für alle, die das rechte Wort
des Bekenntnisses, des Trostes,
der Vergebung nicht über die Lippen bringen,
die in der Not ihrer Schuld
den Weg zur Buße nicht finden,
für die Mütter, die angstvoll
einer schweren Niederkunft entgegensehen:
Der Herr allen Lebens
löse ihnen Schuld und Verstrickung
und führe alles zu einem guten Ende.
Ganz besonders tragen wir
vor euch die Not des Todes.

Ihr heiligen *Achatius, Cyriakus*
und *Barbara*, bittet den Herrn,
der das Herz jedes Menschen kennt,
dass er uns in der Stunde unseres Todes
vor Angst bewahre und uns glücklich
heimführe zur ewigen Freude. Amen.

Gebet zu den heiligen Vierzehn Nothelfern (Unkel am Rhein)[24]

Wir bringen Gruß und Preis euch dar

Wir bringen Gruß und Preis euch dar,
des Heilands edle Zeugenschar.
Zu helfen in der Menschen Not,
hat euch bestellt der güt'ge Gott.

Den Ruhm der Welt habt ihr verschmäht,
den Reichtum, der so rasch vergeht,

die Erdenfreuden gabt ihr hin.
Nur Gott allein war euch Gewinn.

Vor Richterstuhl und Königsthron
habt ihr bekannt den Gottessohn,
nicht wildes Drohn, nicht Schmeichelei
brach euren Glaubensmut entzwei.

Ihr trugt Verleumdung, Schimpf und Qual,
nahmt hin der harten Schläge Zahl,
für Christus voller Liebesglut
ließt ihr verströmen euer Blut.

Auf Erden hier war euer Teil
der Kreuzweg Christi, hart und steil.
Drum gab euch in der Ewigkeit
der Herr sein Reich der Seligkeit.

Wir flehen eure Hilfe an
auf unsrer rauen Lebensbahn:
Lasst jetzt uns tragen Christi Pein
und einst mit ihm uns selig sein!

Dem Herrn, dreieinig, voller Macht,
sei unser Loblied dargebracht,
der seinen Märtyrern verleiht
des ew'gen Reiches Herrlichkeit.
Amen.

Hymnus [25]

Höret unser Flehen

Seid gegrüßt, ihr Vierzehn Nothelfer,
ihr treuen Diener Gottes!
Ihr seid unsere hehren Vorbilder

in der christlichen Tugend,
ihr seid die glänzende Zierde
unserer heiligen katholischen Kirche.
Euch hat Gott selbst als Schutzpatrone
des christlichen Volkes kundgemacht.
Darum kommen wir zu euch
mit großem Vertrauen
und rufen euch um eure Fürbitte
beim himmlischen Vater an:
Höret unser Flehen
und kommt uns zu Hilfe in unseren Nöten.
Erwirket uns besonders die Gnade,
Gott über alles zu lieben
und stets nach seinen heiligen
Geboten zu wandeln.
Lasst uns im Vertrauen auf eure
himmlische Macht nicht zuschanden werden.
Und wenn es Gottes Wille ist,
dass wir unser Kreuz weitertragen,
so erbittet uns Kreuzeskraft
bei Jesus Christus, unserem Herrn.
Amen.

Altes Nothelfergebet[26]

Ihr großen Schutzheiligen

Ihr großen Schutzheiligen und Nothelfer,
wir bitten Gott durch eure Fürsprache
um Verzeihung unserer Sünden,
um Stärkung unseres Gnadenlebens,
um Vermehrung unserer Gottes- und Nächstenliebe,
um Ergebung unseres Willens
in Gottes heiligen Willen,
um Beistand zu allem Guten
und um die Beharrlichkeit bis zum Ende.

Wir flehen um die Gabe der wahren Weisheit,
damit wir auf den dunklen und schwierigen
Pfaden unseres Lebens immer erkennen,
was recht ist und uns zum Heile dient.
Wir bitten um die Gabe der Stärke,
damit wir unseren Hang zum Bösen bekämpfen,
alle Opfer tapfer bringen,
die mit der Erfüllung der göttlichen Gebote
und der Übung der christlichen Tugenden
verbunden sind,
und alle Leiden willig aus Gottes Hand
annehmen und geduldig tragen.
Wir flehen auch um Fürbitte
in unseren gegenwärtigen Anliegen
und Bedrängnissen des Leibes und der Seele.
Wir empfehlen euch die Anliegen
der uns Anbefohlenen,
aller Leidenden und Bedrängten,
aller Freunde und Feinde,
aller geistlichen und weltlichen Obrigkeiten,
und endlich das Wohl der ganzen heiligen Kirche.
All dies erbitten wir durch euch,
ihr heiligen Vierzehn Nothelfer,
die ihr so mächtige Fürsprecher seid
beim Vater im Himmel
und bei seinem eingeborenen, menschgewordenen Sohn,
Jesus Christus, unserm Herrn.
Amen.

Überliefertes Nothelfergebet[27]

Vierzehnheil'ge Schutzpatrone

Vierzehnheil'ge Schutzpatrone
für die Welt an Gottes Throne,

starke Helfer in der Not,
mächtig, hochgeehrt bei Gott.

Lasst uns eure Hilfe sehen,
lasst uns nicht vergebens flehen.
Vierzehnheil'ge auserwählt,
uns von Gott zum Heil bestellt.

Allen, die verlassen weinen,
trost- und freudlos hier erscheinen,
eure Hilfe ist bereit,
Gnad und Friede jederzeit.

Jesus ist in eurer Mitte,
er versagt euch keine Bitte,
Er, dem ihr gedient so treu,
auch uns Sündern gnädig sei.

Märtyrer, durch Leid geschritten,
habt die Palme ihr erstritten.
Stärkt uns in des Leidens Nacht,
über unsere Seelen wacht.

Öfters habt auch ihr erfahren
Gottes Schutz in den Gefahren,
wir vertrauen Hab und Gut,
Leib und Seele eurer Hut.

Vierzehnheil'ge hoch erhoben,
lasst mit euch stets Gott uns loben,
führet uns zum Jesuskind,
wahrt uns rein von jeder Sünd.

Hymnus[28]

Heilige Nothelfer, steht uns bei

Ihr heiligen Bischöfe *Blasius*,
Dionysius und *Erasmus*!
Ihr seid immer gute Hirten
der euch anvertrauten Herde gewesen.
Ihr habt eure Gläubigen geführt
auf dem Weg des heiligen Evangeliums,
in welchem uns der Herr Seine Wahrheit geoffenbart
und Sein Gesetz verkündet hat.
Helft uns, dass wir immer auf dem Weg
des wahren Glaubens wandeln,
dass wir unseren heiligen Glauben
treu bewahren, mutig bekennen
und freudig für ihn Opfer bringen.

O heiliger Abt *Ägidius!*
Du hast dein Besitztum an die Armen verteilt
und dich in die Einsamkeit zurückgezogen,
um dein ganzes Sinnen und Streben
auf Gott richten zu können.
Die Welt hast du gering geachtet,
aber Gott über alles geliebt.
Hilf auch uns,
dass wir Gott mit ganzer Seele lieben.
Wir wollen uns rückhaltlos hingeben
an Ihn und Seinen heiligen Willen.

Heiliger Diakon *Cyriakus*!
Du hast durch dein Gebet mehrere Besessene
aus der Gewalt des Teufels befreit.
Als Diakon der Kirche hast du
allen leidenden Brüdern und Schwestern
gedient und geholfen.
Steh auch uns bei in den Lockungen der Sünde
und behüte uns vor allen Nachstellungen

des bösen Feindes.
Halte fern von uns den Geist
der Lieblosigkeit und Feindseligkeit.
Erbitte uns den Geist echter Bruderliebe.

Heiliger *Christophorus*!
Wir sehen dich im Bilde,
wie du das Gotteskind auf deinen Schultern
durch die Wellen des Stromes trägst.
Viel mehr noch hast du Gott
in deinem Herzen getragen.
Du warst ganz innig mit Ihm vereint.
Hilf uns, dass wir Gott
stets in unserer Seele tragen!
Freudig wollen wir dem Ruf
unseres Herrn und Heilandes folgen:
„Bleibet in mir, und ich bleibe in euch."

Heiliger Arzt *Pantaleon*!
Du hast dich der ärmsten und verlassensten
Kranken angenommen,
ihnen die Gesundheit des Leibes wiederhergestellt,
aber auch in heilbringender Weise
auf ihre Seele eingewirkt.
Erflehe auch uns die körperliche
und seelische Gesundheit,
damit wir die Aufgaben unseres Berufes
erfüllen können.
Sollte jedoch der Wille Gottes das Kreuz
der Krankheit für uns bestimmt haben,
dann stärke uns,
dass wir es tapfer und geduldig tragen.

Ihr heiligen Soldaten *Achatius*,
Eustachius und *Georg*!
Tapfer habt ihr gekämpft im Dienste

eures irdischen Kriegsherrn,
aber noch heldenmütiger im Dienste
eures göttlichen Königs Jesus Christus.
Alle Versuche, euch von Christus zu trennen,
habt ihr zurückgeschlagen.
Ihr habt Ihm die Treue gehalten
bis in den Tod.
Helft uns, dass wir täglich kämpfen
gegen die Feinde unseres Heiles,
den Satan, die Welt und die eigene
böse Begierlichkeit.
Dann können wir einst den unverwelklichen
Siegeskranz empfangen.

Heiliger *Vitus*!
Schon im zarten Jugendalter hat dein
christlicher Glaube die Feuerprobe bestanden.
Du hast ihn in den schwersten
Anfechtungen festgehalten
und sogar mit deinem Blute besiegelt.
Nimm unsere Jugend unter deinen besonderen Schutz.
Hilf den Jugendlichen,
dass sie ihren heiligen Glauben bewahren,
ihn bekennen vor Freund und Feind
und auf ihm ihr ganzes Leben aufbauen!

Ihr heiligen Jungfrauen *Barbara*,
Katharina und *Margareta*!
Ihr gehört zur Schar der klugen Jungfrauen,
die mit brennenden Lampen
den Bräutigam empfingen,
als er sie zur Hochzeit rief.
Am Ende unserer Erdenzeit wird Christus
auch zu uns kommen,
um uns zum ewigen Hochzeitsmahl zu rufen,
und am Jüngsten Tage wird Er

vor der ganzen Welt erscheinen,
um sie zu richten und Sein Reich zu vollenden.
Wir kennen nicht den Tag und die Stunde,
wann der Herr kommt.
Helft uns, dass wir allzeit bereit sind
für die Ankunft des Herrn!

Altes Nothelfergebet (leicht verändert und gekürzt)[29]

Deine Auserwählten

Allmächtiger und barmherziger Gott!
Du hast mit besonderen Vorzügen
deine Auserwählten geschmückt:
die heiligen *Georg*, *Blasius* und *Erasmus*,
Pantaleon, *Vitus*, *Christophorus*,
Dionysius und *Cyriakus*,
Achatius, *Eustachius* und *Ägidius*
sowie die Jungfrauen *Margareta*,
Barbara und *Katharina*.
Wir bitten dich,
verzeihe uns unsere Sünden
und um der Verdienste deiner Heiligen willen
befreie uns von allen Widerwärtigkeiten
und erhöre gnädig unsere Bitten.
Durch unseren Herrn Jesus Christus,
deinen Sohn, der mit dir lebt und herrscht
in der Einheit des Heiligen Geistes,
Gott von Ewigkeit zu Ewigkeit.
Amen.

Überliefertes Gebet[30]

Alter Nothelferruf

Heil'ger *GEORG*, du starker Ritter,
sei der Schutz- und Gnadenbitter
für die ganze Christenheit;
hilf dem Christenheere siegen,
lass im Kampf es nicht erliegen,
wenn es für den Glauben streit'.

Bringe dort vom Himmelsrande
Segen unserm Vaterlande,
BLASIUS, du Wundermann!
Jede Seuche lass verschwinden,
die zur Strafe unsrer Sünden
Vieh und Menschen schaden kann.

Du, *ERASMUS*, hast in Banden
und in Peinen fest gestanden
wie ein Fels in wilder Flut!
Hilf uns unser Kreuz doch tragen,
ohne Murren, ohne Klagen;
fleh zu Gott um Kraft und Mut!

Großer Arzt, dem manche Kranken
schuldig sind, ihm wohl zu danken,
heiliger *PANTALEON*!
Wirft uns eine Krankheit nieder,
hilf uns zur Genesung wieder,
bitt darum vor Gottes Thron!

VITUS, schau auf meine Seele,
die wie du im heißen Öle
dort in Marterflammen büßt.
Ach, erbitt beim höchsten Gute
Labung in dem teuren Blute,
das vom Kreuze Jesu fließt.

Heiliger *CHRISTOPH*, hilf beschützen,
hilf die Eltern unterstützen
in der Last der Kinderzucht,
damit gute Früchte blühen
aus den Kindern, die sie ziehen;
keine, die einst Gott verflucht.

DIONYSIUS, den herben
Seelentod lass uns nicht sterben,
wenn uns der Versucher naht,
rette uns. Und wenn wir fallen,
auf der Sünder-Bahn wir wallen,
führ uns auf der Buße Pfad!

Wagt's der Satan, unsre Seelen
mit Versuchung hart zu quälen,
CYRIAKUS, zeig dein' Macht!
Weis ihn ab zu seiner Schande,
wie du manche Teufelsbande
von Besess'nen ausgejagt.

O *ACHATIUS*, du Krieger
und gekrönter Glaubenssieger,
bitt mit deiner Heldenschar,
dass uns Gott in stetem Frieden
wolle vor dem Krieg behüten,
Haus und Gut vor der Gefahr.

Wenn, *EUSTACHIUS*, die Wellen
allen Unglücks auf uns prellen,
flöß uns wahre Großmut ein.
Lass in solchen bittern Stunden
Jesu Kreuz und teure Wunden
unser Trost und Zuflucht sein.

Hilf, *ÄGIDIUS*, den Armen,
flieh zu Gott, der voll Erbarmen
selbst sich ihren Vater heißt.
Der die Vögel in den Lüften,
wie einst dich in deinen Grüften,
täglich wunderbarlich preist.

MARGARETA, schließ den Rachen
dem erbosten Höllendrachen
vor'm Gerichte Gottes zu.
Mit dem Kreuze deck die Sünden,
lasse dort uns Gnaden finden
und den Kläger weis zur Ruh.

BARBARA, bring uns im Tode
Jesum – in dem Engelsbrote
in das schwache Herz hinein;
dass wir allen Höllenfürsten,
die nach unsrer Seele dürsten,
Löwen gleich dann furchtbar sein.

KATHARINA, schütz die Ehre
unsrer wahren Glaubenslehre,
welche Jesus uns gebracht.
Bitt Gott, dass er die alte
Kirch' auf festem Grund erhalte,
schütze sie mit deiner Macht!

Aus der Barockzeit (wird heute noch gesungen)[31]

Die Herzen hoch zu Gott empor

1. Die Herzen hoch zu Gott empor
und zu der Vierzehn Heil'gen Chor!
Sie stehn bereit am Thron des Herrn

und helfen allen Christen gern.
So helfet uns in Not und Leid!
Und stärket uns im Kampf und Streit!
Und führt uns einst zur Herrlichkeit!

2. Ihr Heil'gen habt des Lebens Zeit
allein dem Dienst des Herrn geweiht;
ihr liebtet ihn mit heißer Glut,
ihr starbt für ihn voll Heldenmut.
So helfet uns ...

3. Ihr heil'gen Hirten *Blasius,*
Erasmus, Dionysius;
des Evangeliums steile Bahn
führt uns zum Paradies hinan.
So helfet uns ...

4. Sankt *Ägid,* Abt voll Gotteskraft,
lehrt uns die wahre Wissenschaft:
Die Erdengüter sind nur Schein,
das höchste Gut ist Gott allein.
So helfet uns ...

5. *Cyriakus,* Levit des Herrn,
den bösen Geist halt von uns fern.
Den Geist der Liebe flöß uns ein,
der Bruderliebe treu und rein.
So helfet uns ...

6. *Christophorus,* du starker Held,
du trugst den mächt'gen Herrn der Welt.
Das soll auch unsre Freude sein:
Im Herzen tragen Gott allein.
So helfet uns ...

7. O heil'ger Arzt *Pantaleon,*

tritt ein für uns an Gottes Thron.
Durch deine Hilf werd' uns zuteil
des Leibes und der Seele Heil.
So helfet uns ...

8. Sankt *Georg, Achaz*, steht uns bei,
Sankt *Eustach* auch, ihr Ritter drei.
Helft kämpfen uns, wenn Feinde drohn,
und reicht uns einst die Siegeskron.
So helfet uns ...

9. Sankt *Vitus*, Jungmann hochgemut,
die Jugend nimm in deine Hut!
Im Leben mög sie wahr und rein,
im Glauben treu und tapfer sein.
So helfet uns ...

10. Sankt *Margareta, Barbara*
und *Katharina*, seid uns nah!
Es zeig uns eures Lichtes Strahl
den Weg zum ewgen Hochzeitsmahl.
So helfet uns ...

11. Wir grüßen auch mit frommem Sinn
der Vierzehn Heil'gen Königin.
Sie steht ganz nah an Christi Thron,
erfleht uns Hilf bei ihrem Sohn.
So helfet uns ...

12. Schließt einst die kurze Lebensbahn
und tritt der Tod an uns heran,
dann, Vierzehn Heil'ge, steht uns bei,
dass Gott am End uns gnädig sei.
So helfet uns ...

Lied zu den heiligen Vierzehn Nothelfern[32]

Ihr Nothelfer alle, wir rufen zu euch

1. Ihr Nothelfer alle, wir rufen zu euch,
erhört unser Flehen vom himmlischen Reich,
o tragt unsere Bitten zum göttlichen Thron,
auf dass Gott uns helfe und gnädig verschon.

2. Ihr ward ihm ja Knechte und Mägde getreu
im irdischen Leben, und ewiglich neu
will Gott euch nun lohnen und gütig verleihn,
an heiliger Stätte uns Helfer zu sein.

3. Der Pilger viel tausend von fern und von nah
gen Frankenthal wallen und finden allda:
Errettung aus Nöten, Vergebung und Schuld
und Gnade und Tröstung und göttliche Huld.

4. Nothelfer bedürfen die Menschen so sehr,
ihr Elend und Jammer sind tief wie das Meer,
o zeigt euch als Helfer in jeglicher Not,
in aller Bedrängnis, im Leben, im Tod.

5. Jahrhunderte reden mit mächtigem Mund
und Zeichen und Wunder, sie machen es kund,
viel Gaben des Dankes, sie lassen uns schaun,
wie reich ihr belohnet des Menschen Vertraun.

6. So bleibet denn immer am heiligen Ort,
in Unglück und Leiden uns Zuflucht und Hort
am göttlichen Throne, im ewigen Licht
vergesset die Nöten der Sterblichen nicht.

7. Und wenn wir vollendet den irdischen Lauf,
so führet uns liebreich zum Himmel hinauf
und bittet um Gnade, dass Gott euch verleiht,
mit euch ihn zu loben für ewige Zeit.

Altes Nothelferlied aus Vierzehnheiligen[33]

Die Vierzehn Nothelfer im Überblick

Achatius

Achatius stammte aus Kappadozien in Kleinasien (südliche Türkei). Er war Hauptmann und Oberst im kaiserlichen Heer und wurde um 305 (306) als gläubiger Christ unter Kaiser Diokletian hingerichtet, nachdem er zuvor mit Dornenzweigen ausgepeitscht wurde. Nach der Legende wurde sein Sarg ins Meer geworfen, ging aber nicht unter, sondern wurde von den Wellen nach Süditalien getragen. – Dargestellt als Soldat mit Dornenzweigen in der Hand oder einer Dornenkrone auf dem Kopf, auch mit Kreuz oder Palme. – Patron in Todesängsten und ausweglosen Lebenslagen; Helfer bei Streit um Gerechtigkeit, Verfolgung und Feuer. – Gedenktag: 8. Mai.

Ägidius

Ägidius (Egid) ist der einzige Nichtmärtyrer unter den Vierzehn Nothelfern. Er lebte als Einsiedler in der Provence (Frankreich) und gründete um 680 vor der Rhonemündung ein Kloster, das er als Abt leitete und das später nach ihm Saint-Gilles genannt wurde. Er starb um 720. – Dargestellt in der Gewandung eines Benediktinerabtes mit Stab, Pfeil oder einer Hirschkuh, von deren Milch er lange in der Einsamkeit lebte. – Patron der stillenden Mütter, der Hirten, auch des Viehs; Helfer in geistiger Not und Verlassenheit; Beistand für eine gute und reumütige Beichte. – Gedenktag: 1. September.

Barbara

Barbara stammte aus Nikomedien (westliche Türkei). Sie war die Tochter eines heidnischen Kaufmanns, eines fanatischen Christenhassers. Während einer längeren Abwesenheit des Vaters bekehrte sich die in einem Turm eingeschlossene Barbara zum Christentum. Darauf schleppte sie der erzürnte Vater vor Gericht, das Barbara nach grausamer Marterung zum Tode verurteilte. Der Vater soll im Jahr 306 sein Kind eigenhändig enthauptet haben. – Dargestellt in vornehmer Jungfrauengewandung mit Turm, Kelch, Hostie, Schwert oder Palme. – Patronin der Bergleute, Architekten, Maurer, Soldaten, Artilleristen, Gefangenen; Helferin gegen Gewitter und Feuersgefahren; Beschützerin vor einem jähen Tod. – Gedenktag: 4. Dezember.

Blasius

Blasius war Bischof von Sebaste in Armenien. Als unerschüterlicher Bekenner des christlichen Glaubens wurde er um 316 nach furchtbaren Qualen unter Kaiser Licinius enthauptet. Im Gefängnis rettete er einen Knaben, der eine Fischgräte verschluckt hatte, durch sein Gebet vor dem Erstickungstod. – Dargestellt als Bischof mit Stab, Mitra und zwei gekreuzten Kerzen (Blasiussegen). – Patron der Ärzte, Weber, Wollhändler, Schneider, Musikanten, Wachszieher; Vieh- und Wetterpatron; Helfer bei Halsleiden und Zahnweh; Beistand für eine gute Beichte. – Gedenktag: 3. Februar.

Christophorus

Christophorus (ursprünglich Reprobus), über den historisch kaum etwas überliefert ist, stammt vermutlich aus Lykien (südliche Türkei) und dürfte um 250 unter Kaiser Decius nach langen Martern enthauptet worden sein. Nach der Legende trug er arme Wanderer über einen reißenden Fluss, darunter einst auch das Jesuskind, das ihm zu einer erdrückenden Last wurde. Das göttliche Kind taufte ihn auf den Namen „Christus-Träger". – Dargestellt als Riese mit dem Jesuskind auf der Schulter, mit Stab oder Baumstamm. – Patron gegen Wasser und Feuersnot, gegen Seuchen und Ungewitter; Patron der Autofahrer, Schiffer und aller Reisenden; Helfer gegen einen unvorhergesehenen Tod. – Gedenktag: 24. Juli.

Cyriakus

Cyriakus war als Erzdiakon in Rom mit der Armenpflege betraut. Wahrscheinlich erlitt er in der Christenverfolgung des Kaisers Diokletian wegen seines Glaubens mit mehreren Gefährten um 304 das Martyrium. Seit 354 wird bereits sein Gedächtnis erwähnt. – Dargestellt im Gewand eines Diakons, der Almosen spendet, oder mit einem gefesselten Drachen, weil er mehrere Besessene von bösen Geistern befreite. – Patron gegen Anfechtungen und Versuchungen böser Geister; Helfer in der Sterbestunde. – Gedenktag: 8. August.

Dionysius

Dionysius wurde um die Mitte des 3. Jahrhunderts von Papst Fabian nach Gallien gesandt, um hier das Evangelium zu verkünden. Während der Christenverfolgung wurde er mit seinen Gefährten Rusticus und Eleutherius verhaftet und zu Tode gemartert (um 285). – Dargestellt in bischöflichen Gewändern mit dem Haupt in den Händen, weil er nach der Legende seinen abgeschlagenen Kopf von der Hinrichtungsstätte (auf dem Montmartre) zur Begräbnisstätte

(Saint-Denis) getragen hat. – Helfer bei Kopfleiden, Gewissensunruhen und Seelennöten. – Gedenktag: 9. Oktober.

Erasmus

Erasmus stammte nach der Legende aus Asien und war zunächst Bischof von Antiochien, wo er um des Glaubens willen verfolgt und misshandelt wurde. Dann begab er sich nach Illyrien (Nord-Jugoslawien), um hier das Evangelium zu verkünden. Auch hier wurde er grausam gepeinigt und gefoltert. Schließlich wirkte er als Bischof in der Hafenstadt Formio (Italien). Dort starb er unter Kaiser Diokletian um 300 den Martertod. – Dargestellt mit Bischofsstab oder einer Schiffswinde, die später als Marterwerkzeug (Gedärmwinde) gedeutet wurde. – Patron der Seeleute und Schiffsreisenden, der Drechsler und Schumacher; Helfer bei Bauchweh, Kolik, Unterleibskrankheiten. – Gedenktag: 2. Juni.

Eustachius

Eustachius stammte aus dem Orient, hieß ursprünglich Placidus und lebte um das Jahr 100. Er war ein römischer Heerführer, dem auf der Jagd ein Hirsch mit einem Kreuz zwischen dem Geweih erschien. Darauf bekehrte er sich mit seiner ganzen Familie zum Christentum. Unter Kaiser Hadrian erlitt er um 118 mit Frau und Söhnen den Martertod. – Dargestellt in Jägerkleidung mit einem Hirsch, zwischen dessen Geweih ein Kruzifix erscheint. – Patron der Jäger, Forstleute und Schützenvereine; Helfer bei Glaubenszweifeln und traurigen Familienschicksalen. – Gedenktag: 20. September.

Georg

Georg stammte aus Kappadozien in Kleinasien. Er war römischer Soldat und brachte es zum Offzier im kaiserlichen Heer. Zur Zeit Kaiser Diokletians wurde er in Nikomedien oder Lydda (Lod) vermutlich um 305 enthauptet. In der Ostkirche wird er als „Erzmärtyrer" verehrt. Schon früh rankten sich zahlreiche fromme Legenden um seine Persönlichkeit. – Dargestellt als Ritter (mit und ohne Pferd), wie er durch Schwert oder Lanze einen Drachen durchbohrt. – Patron der Ritter, Reiter, Bauern, Pfadfinder, Sattler und Schmiede; Helfer in Anfechtungen und Zweifeln. – Gedenktag: 23. April.

Katharina

Katharina stammte aus einer Königsfamilie in Alexandrien. Sie verteidigte das Christentum vor Kaiser Maxentius (305–312) und gegen 50 heidnische Philosophen, die sich darauf bekehrten und ein qualvolles Martyrium (Feuertod) erlitten. Als Katharina selber gerädert werden sollte, zerbrach das Rad und man enthauptete sie (um 310). Ihr Leib wurde nach der Legende von Engeln zum Berg Sinai gebracht und dort begraben. – Dargestellt mit Krone, Buch, Schwert oder zerbrochenem Rad. – Patronin der Gelehrten und Studierenden, der Spitäler und Hospitäler; Helferin bei Migräne, Krankheiten der Zunge und in vielen Ängsten. – Gedenktag: 25. November.

Margareta

Margareta war die Tochter eines heidnischen Priesters zu Antiochia in Pisidien (südliche Türkei). Vom Vater verstoßen, wurde sie wegen ihres Glaubens und ihrer Jungfräulichkeit nach erbittertem Kampf mit dem Teufel (Drachen) und furchtbaren Martern in der Verfolgung Kaiser Diokletians um 307 enthauptet. – Dargestellt als Jungfrau mit Märtyrerkrone, Kreuz, Palme oder einem Drachen, den sie nach der Legende mit dem Kreuzzeichen besiegt hat. – Patronin der Jungfrauen und Landleute; Helferin in Geburtsnöten; Fürsprecherin der Menschen, die um Verzeihung ihrer Sünden bitten. – Gedenktag: 20. Juli.

Pantaleon

Pantaleon wurde in Nikomedien (Türkei) geboren und war Leibarzt des Kaisers Maximian. Nach der Legende wurde der überzeugte Christ von heidnischen Arztkollegen aus Berufsneid beim Kaiser angeklagt. Pantaleon wurde nach vielen Peinigungen an einen Ölbaum gebunden und enthauptet. Vor seinem Tod (um 305) soll er noch für seine Henker bei Gott um Barmherzigkeit gefleht haben. – Dargestellt in vornehmer Kleidung, mit beiden Händen über dem Kopf an einem Ölbaum angenagelt. – Patron der Ärzte, Hebammen und Kranken; Helfer in allen körperlichen und seelischen Krankheiten. – Gedenktag: 27. Juli.

Vitus

Vitus (Veit) stammte aus einer reichen sizilianischen Familie. Von seinem Erzieher Modestus und seiner Amme Kreszentia wurde er heimlich christlichen erzogen und getauft. Sein heidnischer Vater versuchte vergebens, seinen Sohn vom Glauben an Gott abzubringen. Vitus floh mit den beiden Erwachsenen nach Lucania in Unteritalien. Unter Kaiser Diokletian, dessen Sohn Vitus von der Epilepsie heilte, wurden die drei in einen Kessel mit siedendem Öl geworfen (dem sie aber unversehrt entstiegen) und dann enthauptet (um 304). Vitus war damals sieben (nach anderen Quellen zwölf) Jahre alt. – Dargestellt mit einem Ölkessel oder einem Hahn, dem Sinnbild der Wachsamkeit. – Patron der Jugend; Helfer gegen Epilepsie (Veitstanz). – Gedenktag: 15. Juni.

Literaturverzeichnis

Andachtsbüchlein zu Ehren der heiligen Vierzehn Nothelfer. Hüls bei Krefeld 1958.

Becker-Huberti, Manfred: Feiern – Feste – Jahreszeiten. Lebendige Bräuche im ganzen Jahr – Geschichte und Geschichten, Lieder und Legenden. Freiburg/Br. 2001 (Sonderausgabe).

Bichler, Albert: Die vierzehn Nothelfer. Augsburg 1998.

Biographisches-Bibliographisches Kirchenlexikon. Ein theologisches Nachschlagewerk. Hg. von Traugott Bautz, Herzberg 1992.

Braun, Joseph: Tracht und Attribute der Heiligen in der deutschen Kunst. Berlin 3. Aufl. 1974.

Campana, Luc: Die 14 heiligen Nothelfer. Lauerz 2009.

Die Legenda aurea des Jacobus de Voragine. Aus dem Lateinischen übersetzt von Richard Benz. Köln/Olten 1969.

Döring, Alois: Heilige Helfer. Rheinische Heiligenfeste durch das Jahr. Köln 2009.

Erkelenz, Carl Hanns (Hg.): Vierzehn Nothelfer. Von Dichtern dargestellt. Freiburg/Br. 1937.

Feldmann, Christian: Kämpfer – Träumer – Lebenskünstler. Große Gestalten und Heilige für jeden Tag. Freiburg/Br. 2005.

Franziskanerkloster Vierzehnheiligen (Hg.): Komm, ich zeig Dir etwas Wunderbares. Ein Kirchenführer durch die Basilika Vierzehnheiligen – nicht nur für Kinder. Text: Kathrin Filbinger u. a. Passau 2008.

Fried, Jakob: Die heiligen Nothelfer. Wien 1938.

Fürst, Heinrich: Die vierzehn Nothelfer – unsere Freunde. Ihrer Verehrung von den Anfängen bis zum Dreißigjährigen Krieg. Petersberg 2008.

Geldner, Ferdinand: Nothelferverehrung vor, neben und gegen Vierzehnheiligen. In: Historischer Verein Bamberg, 89. Bericht, Bamberg 1949.

Grün, Anselm: Wunden zu Perlen verwandeln. Die 14 Nothelfer als Bilder einer christlichen Therapie. Münsterschwarzach 1997.

Guth, Klaus: Vierzehnheiligen und die Anfänge der Nothelferverehrung. In: Staffelstein, die Geschichte einer fränkischen Stadt. Staffelstein 1980.

Hildebrand, Walter: Die heiligen Nothelfer. Bewährte Helfer in Not und Gefahr. A-Gaming 1988.

Hofmann, Winfried: Unsere Heiligen als Schutzpatrone. Legenden und Biographien. Regensburg 1987.

Küster, Jürgen: Heiligenfeste im Brauch. Von Dreikönig bis St. Stephan. Freiburg/Br. 1988.

Lutz, Dominik: Basilika Vierzehnheiligen. Aufnahmen: A. Bornschlegel. Staffelstein 1992 (1983).

Lutz, Dominik: Der Gnadenaltar in Vierzehnheiligen. Staffelstein 1993.

Manhart, Sigmund / Pfeifer, Michael / Voderholzer, Rudolf: Bei Gott für uns stets Fürbitt tut. Haar 1994.

Ökumenisches Heiligenlexikon. Leben und Wirken von mehr als 4000 Personen der Kirchengeschichte. Hg. von Joachim Schäfer. Stuttgart 2010.

Schreiber, Georg: Die Vierzehn Nothelfer in Volksfrömmigkeit und Sakralkultur. Innsbruck 1959.

Vogelsang, Ruth: Helfer und Heilige. Die Vierzehn Nothelfer in Legenden und Märchen. Freiburg/Br. 1993.

Wimmer, Otto / Melzer, Hartmann: Lexikon der Namen und Heiligen. Innsbruck 1996.

Anmerkungen

Sofern sich Titel im Literaturverzeichnis befinden, werden in den Anmerkungen nur Kurztitel angegeben.

1 S. 49.
2 Aus: Andachtsbüchlein, S. 18f.
3 Donauwörth 1985, S. 442, © beim Autor.
4 Aus: Lutz, Der Gnadenaltar, S. 29.
5 Vgl. http://de.wikipedia.org/wiki/Achatius_von_Armenien
6 Südwest Verlag, München 1978, S. 558.
7 Aus: Andachtsbüchlein, S. 14.
8 http://www.vierzehnheiligen.de/de/gnadenaltar/2-heiliger_aegidius.php
9 Verlag Glückauf, Essen [2]1996, S. 221.
10 http://de.wikipedia.org/wiki/Barbara_von_Nikomedien
11 Aus: Werkmappe Sankt Barbara. Hg. von der Pfarrei St. Barbara, Hainfeld/Pfalz (Bistum Speyer). Bearbeitet von Helmut Husenbeth und Robert Abel, 1981.
12 Zitiert in: Rolfroderich Nemitz/Dieter Thierse, St. Barbara, S. 217.
13 http://www.stbarbara-ob.de/barbara.htm
14 S. 35.
15 Vgl. Hildebrand, Die heiligen Nothelfer, S. 20.
16 S. 15.
17 Der Gnadenaltar, S. 44.
18 Die vierzehn Nothelfer, S. 46.
19 S. 48.
20 Freiburg/Br. 1988, S. 117.
21 Unsere Heiligen, S. 140.
22 S. 17.
23 Vgl. http://de.wikipedia.org/wiki/Veit_(Heiliger)
24 Aus: Lutz, Der Gnadenaltar, S. 60.
25 Aus: Andachtsbüchlein, S. 25f.

[26] Aus: Andachtsbüchlein, S. 23.
[27] Aus: Andachtsbüchlein, S. 24.
[28] Aus: Andachtsbüchlein, S. 24f.
[29] Aus: Andachtsbüchlein, S. 13–21.
[30] Aus: Andachtsbüchlein, S. 23.
[31] Aus: Lutz, Der Gnadenaltar, S. 27.
[32] Aus: Lutz, Der Gnadenaltar, S. 64.
[33] Aus: Lutz, Der Gnadenaltar, S. 63.

Vom selben Autor erscheinen bei

topos taschenbücher

Der heilige Nikolaus
Leben – Legenden - Bedeutung
96 Seiten
topos taschenbuch 769
978-3-7867-0769-5

Der heilige Florian
Leben – Legenden - Bedeutung
80 Seiten
topos taschenbuch 798
978-3-7867-0798-5

Der heilige Sebastian
Leben – Legenden - Bedeutung
96 Seiten
topos taschenbuch 797
978-3-7867-0797-8

Der heilige Franziskus
Leben – Legenden - Bedeutung
96 Seiten
topos taschenbuch 821
978-3-7867-0821-0

Bonifatius
Apostel der Deutschen
96 Seiten
topos taschenbuch 692
978-3-7867-0692-6

Vom selben Autor erschienen bei

topos taschenbücher

Reinhard Abeln

Die heilige Katharina

Leben – Legenden – Bedeutung

96 Seiten
Band 826
ISBN 978-3-8367-0826-5

www.topospolus.de

Ebenfalls erschienen bei

topos taschenbücher

Gisela Baltes / Gerhard Hartmann /
Maria Andrea Stratmann

Mit den Heiligen von Tag zu Tag

400 Seiten

topos taschenbuch 771
ISBN 978-3-8367-0771-8

www.toposplus.de